素養導向
教學備課的心法與技術：

從素養導向教學，有效學習，

跨領域整合到班級經營，

培養學生擁有批判性思考能力，

創意思考，閱讀寫作，

溝通表達能力的 38 堂課

作者◎王勝忠

從此，備課成為你一個人的狂歡

歐陽立中 暢銷作家／爆文教練

我很愛打籃球，只要一有空，就到球場打三對三鬥牛。不過一直沒受過正規籃球訓練。直到唸了大學，加入系上籃球隊，才開始接受正規訓練。訓練比我想像中的辛苦很多，每次都要折返跑練腳力、四組運球練基本動作、螃蟹步練防守。真正打比賽的時間很少，多半都是這些乏味又重複的訓練。

但神奇的是，當我終於有機會上場比賽時，對手跑沒幾下就氣喘吁吁，我整場跑下來還活蹦亂跳。我運球切入，對手想要阻止我，我竟下意識轉身過人，彷彿反射動作，宛若行雲流水。這時候，我才明白，過去那些最無趣平凡的練習，正是讓我們能在場上活躍的關鍵。

回到教學現場，你參加各種研習、聽過公開課程、看過名師教學。我們心中也嚮往著成為那樣厲害的老師。然而，台上十分鐘，台下十年功。面對同樣的教材，為什麼厲害的老師能詮釋出另一種境界，而平庸的老師只能照本宣科？關鍵就在於「備課基本功」。如果你是教育工作者，勝忠老師這本書是我強烈推薦你一定要擁有的好書，這不只是一本備課秘笈、更是一本創意

教學寶典。

讀完本書，我發現勝忠老師的企圖心很大，他不打算只教你如何把課本教好，而是如何把萬事萬物都化為課程。我大致把書裡的課程類型分成三種。

第一種是「學科備課」，勝忠老師大方分享他的寫作教學策略、英文教學技巧，就連唸課文，他也設計出四種課堂活動，讓你的教學專業更上一層樓。

第二種是「學習備課」，勝忠老師發現不是坐在教室就是學習了，所以他教孩子如何高效學習和行動，也教孩子如何獨立思考。他最厲害的，就是善用提問關鍵字，引導孩子把話說得完整。教會孩子如何學習，我們的教學也才更有成就感。

第三種是「品德備課」，這是我最感動的部分。自己當老師時，最怕教出只在乎成績，卻對人冷漠無感的孩子。從書裡你可以看到勝忠老師，多麼用心在規劃品格課程，像是品德集點卡，鼓勵孩子做好事；還有品格唸謠，讓孩子說唱記誦；甚至他還自己寫歌，讓品德不再八股，反而成為一種潮流。

我們都喜歡在台上教學，也期待看見孩子閃亮的眼神。但我們也都得面對備課的煎熬和孤獨。不過，有了勝忠老師的《素養導向教學備課的心法與技術》，備課成為你一個人的狂歡！

勝忠老師的教育震撼，讓你從備課漢變成貝克漢

趙胤丞 振邦顧問有限公司負責人 知名企管培訓師／顧問，《拆解問題的技術》《拆解心智圖的技術》《拆解考試的技術》作者

首先，恭喜勝忠老師又要出版新作品了！

與勝忠老師結緣幾年，每次交流我都深刻覺得怎麼會有這樣一個老師，每天都有豐沛能量，彷彿有用不完的體力，除了忙碌的學校教學外，還能演講、寫作出書，我自己身為職業培訓師也覺得這樣的行程不容易，特別是勝忠老師出版的多本著作也都是暢銷好書。前些日子剛好與準備教師甄試的學員討論如何準備考試，一定推薦勝忠老師的作品《教甄複試一本通》，學員添購之後拜讀也收穫滿滿。

在我拜讀完勝忠老師的新書之後，我有以下看見，請您趕緊入手擁有此書的三個理由。

這本書您值得擁有的第一個理由：讓孩子學習如何學習

我經常看到很多孩子提著大包小包趕往補習班，但補習是一時的，無法長久依賴。如果只是仰賴他人為您

整理重點摘要，卻無法自我歸納，當孩子出職場後，也很難抓到事情重點，造成工作的困擾。我們現在所學的知識，基本上只要會基礎就能夠在這世界存活，但很多工作或知識等孩子長大成人時或許才會發展出來，那時需要的是如何有效學習的能力。勝忠老師這本書，讓家長與孩子學習如何學習。

這本書您值得擁有的第二個理由：讓孩子發揮自我效能

《與成功有約》是經典好書，裡面的七個習慣不只高效人士需要，基本上也適用於孩子身上，因為沒有人天生就很厲害，都是經過不斷練習，才變得越來越厲害。我想起享譽國際的大提琴家呂育宸先生曾撰寫過一篇文章，文中提到「每一個人都是有天賦的，但真正讓人發光到最後的，是努力。」培養好習慣，用對的方法持續累積，效果自然加倍。勝忠老師這本書，讓家長與孩子發揮自我效能。

這本書您值得擁有的第三個理由：讓孩子踐行素養教育

素養教育近年來大力推廣，素養的英文其實跟成人的職能也有所關聯，如何讓孩子在科技與人文間拿捏取

捨，在理性與感性間兼顧平衡，專業教育與通識教育並重，素養不是口號，是需要不斷踐行出來才能夠體現。勝忠老師透過豐沛案例，讓家長與孩子知道素養教育為何，先了解內涵然後透過勝忠老師的簡潔說明，讓大家清楚地了解如何在老師、家長、孩子間彼此互助，讓素養教育紮根。這本書，讓家長與孩子踐行素養教育。

誠摯推薦您趕緊入手《素養導向教學備課的心法與技術》！

教師教學有方法，學生學習更愉快。

隨著教育改革的變動，未來的學習不再只是知識的記憶與理解，更重要的是將課堂所學在生活中加以應用，希望學生可以成為終身的學習者。

在學生學習的歷程中，教師扮演重要角色，有效的教學方法可以引導學生有效的學習；有趣的教學活動，更可以讓學生愛上學習。

教學本無定法，只要能夠達到教師所設定的教學目標，將學生教會，那就是有效的方法。新課綱上路後，以素養導向教學作為教育政策的教改潮流下，每位老師正思考如何設計素養導向的課程，進行有效的素養導向教學活動，引領學生融合認知、情意及技能，進行統整學習，培養學生自主學習力，與問題解決能力，讓孩子在未來的學習道路上可以學習更穩健，擁有競爭力。

未來的世界講求的是多元能力，教師在進行課程設計及教學備課時，可以與生活連結，讓學生的學習融入生活之中並接軌未來的學習及工作。學習如何學習是當

下重要的關鍵，有效學習可以讓學生在學習時提前掌握要領，在學習時發揮效益，本書書寫編排次序先從學習面向切入，與師長分享如何帶領孩子「有效學習」。當孩子學習方法奠基後，可以進一步嘗試多元學習，培養多元能力，其中「溝通表達」及「語文學習」是孩子未來「表達力」的致勝關鍵，筆者結合生活時事與時下流行的趨勢，就教學現場教師可以帶領學生進行的素養導向教學活動進行備課心法及教學實務活動分享，提供教師們在進行相關教學時可以參考的案例及教學活動。

另外，「班級經營」與課堂教學息息相關，透過課堂教學設計讓班級裡的學生可以融入學習，在體驗合作的過程中營造更良善的班級環境，以提升學生的自我效能是可行的策略，本書亦從「企業管理」及「職涯發展」融入課堂教學，以創新教學的方式，在學校裡提前教孩子與未來職場接軌，培養做事情的方法及能力。

素養導向教學備課沒有固定的方式，只要老師願意投入，創意發想到的教學活動都可以是讓孩子愛上學習、有效學習的關鍵，在本書中提供了筆者在教學現場的實際教學活動供師長們參考，不管是當下熱門的教育議題「防災教育」、「品格教育」或者是「共同備

課」，書中都有實際的教學範例，提供給師長在教學及備課時參考。

教師有效的教學，可以促進學生更有效率的學習，素養導向教學並非遙不可及，只要老師願意嘗試就可以看到成效，當然學生也會因此而受益。誠心期盼《素養導向教學備課的心法與技術》這本書，可以陪伴師長們在教學時更堅定地向前邁進，教學更有力，想法更多元，引領孩子們快樂學習且有效學習。

目錄・CONTENT

有效學習 \17

備課的心法與技術001 \19

十二年國教趨勢下，未來學習必須要有的
四項關鍵能力

備課的心法與技術002 \23

點燃孩子的學習渴望

備課的心法與技術003 \27

迎接學習改變，提升學習效能！

備課的心法與技術004 \32

跨域整合，讓學生自主學習更上層樓

備課的心法與技術005 \35

自我要求，讓自己成為能自律的學習者

溝通表達 \ 61

自我效能與班級經營管理 \157

素養導向教學與備課 \183

有效學習

十二年國教趨勢下，未來學習必須要有的四項關鍵能力

　　《21 世紀的 21 堂課》這本書中提到，教育未來的企業人才最重視的是 4C，包括 Critical thinking（批判性思考）、Creative thinking（創意思考）、Communication skills（溝通能力）、Collaboration（互助合作）。

從小培養關鍵能力，為學習奠基

　　這是用來培養企業人才的重要方式及策略，現今教育潮流講求全人發展，教育政策正力推素養導向的教學，所謂素養導向的教學即是透過教學讓學習的人擁有知識、技能及正確態度，還有可以在生活中應用的種種，無非就是要讓學習可以在生活中應用，且可以改善人類生活，讓社會更加的美好。

　　教育未來的企業人才最重視的是 4C，若可以將這 4C 用在中小學的校園課堂中，則可以從小培養學生重

要關鍵能力，為未來的學習奠基。

培養學生溝通能力，有助於與他人互動往來

上述 4C 之中，互助合作與十二年國教重要精神的「互動」不謀而合，強調與他人的往來與互動，真實的社會情境不是自己一個人的生活，一定要走入人群，進入社會，透過互助，進而共好。彼此要互助合作，溝通能力不可少，溝通重視的是他人的存在，能夠聽取他人的想法與意見，在彼此意見相左時，也必須要能夠同理感受，而非堅持己見，如此才能達到溝通之效，如能即早培養學生的溝通能力，則有助於與他人的互動往來。

培養學生創意思考及批判性思考的能力

溝通與互助合作都是未來重要的關鍵能力，是屬於外顯的表現，另外在個人的內在發展方面，則可以嘗試培養學生創意思考及批判性思考的能力，有助於自省及外在表現。

創意思考指的是對於任何事物可以有跳脫以往既定的思考模式，用不同的觀點來進行思維，將客觀事物本質屬性和內在聯繫的概括進行直接或間接的連結。在這訊息爆炸，資訊不虞匱乏的年代，要讓人耳目一新，則

必須要有創意思考的能力，對任何平凡事物進行不平凡的創意思考，就可以發現、創造更多新的點子的想法，為人類社會謀取更多的福利。美國蘋果公司就是創意思考的最好範例，在通訊科技廠商全面的追求創新的同時，蘋果的手機還能有創意的發想，除了進行水平的思考，也進行了垂直的整合發想，他們的創意，不但「創易」、「創意」，同時也兼具「創益」，可見有了創意則可以創造更美好的未來。

十二年國教新課綱要培養出「自發」、「互動」、「共好」，能適應未來社會生活的學生做為主要目標，創意思考的教學必定不可少。

最後，4C 之中，尤以「批判性思考」的能力更需要被擁有，這批判性思考、是一種縝密的思辨能力，是一種求清晰、求理性的思考方式，著重於系統化地建構清晰思路，邏輯思考本就不容易，批判性思考則更不容易，除了必須考量正反兩面之外，還要試著找出正反兩面之外的其他可能面，如能全面關照則可以獲得更多的訊息幫助判斷，提出自己的見解。擁有批判性思考能力就能對任何事情的看待除了有表層的觀察認識之外，也

會探求其深層的意涵及隱藏的潛在訊息。批判性思考是一高階的綜合認知整合能力，如能培養學生擁有此一關鍵能力，則可以對任何事情更有把握的獲得訊息，然後做出判斷及行動。

善加應用4C，展現學習成果

批判性思考、創意思考、溝通能力、互助合作，這4C之中任何一項都是重要的，如能四者兼備，則可以發揮加乘的效益，不管是在企業經理人的養成，或是校園裡在培養未來重要人才，都是可以善加應用的，當然，身為企業教練或是教學者本身也都應該要具備這四項重要的能力，除了發揮楷模學習的效益之外，更能帶領團隊夥伴及學生進行更有效的學習，展現更全面的成果。

點燃孩子的學習渴望

每個星期一下午，是我和學生們的學習扶助課堂固定教學時間，與學生們相處互動過後，我發現這幾位學生從一開始的生澀害羞，上課不太敢開口說，到後來願意主動分享心事，願意開口唸讀課文及放聲拼背單字，隨著時間的經過，孩子們的學習渴望慢慢地展現，可見只要老師願意，是可以把每個孩子的學習都帶上來的。

教學沒有捷徑，不斷探尋可以到達終點

教孩子學習成功是每位老師心心念念的事情，我們都想在「把孩子教會」這件事上找到捷徑，但把學生教會的教學歷程沒有捷徑，往往在實際的教學現場的教學過程是一段馬拉松式的長跑路程，話說回來，在課堂教學上找到捷徑不是不可能，只是身為老師的我們都還在探尋。

透過心教，點燃每個孩子的學習渴望

老師為了學生的學習常常會以自己是求學過來人角度來施予學生學習的必走歷程，照著老師的方式學習

準沒錯，一開始我也是這樣想，只要上課時學生跟著我按部就班的學習，應該沒有問題，一定可以很快就上軌道，收立竿見影之效。但事實卻非如此，有太多學生的學習心理必須照顧，有太多學生的個人因素必須克服，這時「心教」或許是另一可行的路徑，可以通往學生心裡的路徑，讓孩子的學習之路迎向光明的未來。

▌傾聽與對話，幫助孩子找到學習的方法

　　課堂中幾個孩子學習表現各有不同，小妤（化名）是其中學習表現最好的一位，可能是個性使然，每次都能根據老師的指令及時的完成學習任務，該開口說就開口說，該動手寫就動手寫，與同學互動就充分的配合，因此學習總是可以上軌道；但全平（化名）的學習就完全不一樣，外向活潑的他每次上課總是心不在焉，對於學習也不怎麼感興趣，每次上課也不願意主動的跟著開口說、跟著唸，於是經常會引來老師的叮嚀與提醒，老師也納悶著為何全平上課總是無法專注呢？

　　後來終於揭開謎底了，有次上課我們在進行母親節卡片的活動，教學生寫卡片給媽媽祝賀母親節快樂，看到每個同學都專注認真的書寫，為了表達對媽媽的感

謝，我看了全平一臉納悶，對我說：「老師，一定只能寫給媽媽嗎？」

「母親節卡片不寫給媽媽，不然要寫給誰」，我直覺地對他說

「可是我從小就沒有媽媽」，全平接著說

「我從來沒有看過我的媽媽！」

「不然，你寫給奶奶好了！」

「還是你要寫給爸爸也可以！」

短暫的對話之後，我心裡一陣震盪，心裏想著原來如此！

當下的我覺得很不好意思，但也因此找到了方向，或許我必須先聽聽這個孩子心裏的話，再來想想如何幫助他學習，應該就能找到讓他願意學習、主動學習的方向，藉此點燃全平的學習渴望，在學習的道路上幫助他。

幫助孩子學習是每個老師所想望的事情，也是老師們心心念念想要做的事情，找到學習有效的路徑固然重要，但是點燃孩子的學習渴望更加重要，下次在教導學生時，我想我會先來了解學生，仔細聽聽孩子心裏的話，透過「心教」與孩子交心，透過交心與學生建立關係，當關係建立了，老師自然能夠成為學生學習的依靠與鷹架，幫助學生學習，進而讓學生主動學習，有效學習。

藉由老師的引導，讓學生愛上學習

老師是學生學習歷程上的重要他人，藉由老師的引導，幫助學生走在事先規劃好的路徑上，時間一久，投入夠深，讓學生愛上學習是必然的，而且學生的學習好表現一定會讓老師感到驕傲的，記得從「心」出發，讓學習有效且長久。

迎接學習改變，提升學習效能！

學習如何學習

學習重要，一直以來學習都是很重要的一環，而以目前的時代潮流而言，學習「如何學習」更為重要，在我們希望培養出終身學習者的教育政策下，教導學生學習如何學習，有迫切的需要。為什麼我們要學習如何學習呢？人的大腦容量有限，運算處理訊息的方式也可以隨著學習而有所不同，透過高效能的學習方式，可以讓我們的大腦學習運算模式更為迅速，讓我們在知識量暴增的時代應付學習游刃有餘，應付自如。

學習如何學習的重要性

在此說明為何學習如何學習有其必要性，以下分述：

知識爆炸

打開電腦連上網路，只要輸入關鍵字，任何你想要

找的相關訊息成千上萬，這時煩惱的不是能否找到所要的資料，而是這麼多的資料當中哪一筆才是我要的資料，哪些是我們可以參考的資料，這時候考量的時間的有限，如何快速的審閱篩選資料，確定有用的訊息，以成為我們的有用知識就很重要。另外，可以參考的書籍及期刊何其多，有心要找，透過圖書館資料的利用，不管外文或是中文都可以找到許多的書籍來閱讀，另外網路上還有許多的線上電子書可以參考，該擔心的是有沒有足夠的時間來進行閱讀。

工商繁忙，事情只會更多，時間相對更少

每個人每天所擁有的時間都是固定的，要忙於工作、社交還有自己正在投入的所有事情上，事情只會更多，而時間相對更少，在這樣有限時間內如果無法有效的處理各項事情，則會使得各項工作因此而延宕，再加上媒體發達，每人每天所獲得的訊息量暴增，通訊媒體讓工作無時差，也更切割了我們原本完整可以利用的時間，此時我們更需仰賴高效率的處理事情的方式，才能讓有限的時間，做最大效益的使用。

未來充滿未知，須提前做好準備

沒有人知道未來會有什麼事情發生，但我們可以事先做好準備，很多現在所出現的事物，是過去都未曾

預測得知的，例如無人商店的交易模式，及汽車自動駕駛，這些現在我們可以理解的科技及生活型態，在過去可是無法預知的，所以，未來還會發生什麼令我們意想不到的新鮮事，沒有人知道，我們只能改變我們的思維，讓我們的學習模式不斷更新，盡可能的提前為未來做準備。

高效行動及學習可行的方式

上述三點說明了我們必須要學習如何學習，才能在時間有限，未來瞬息萬變且知識爆炸的年代可以站在高處，綜觀全局。以下更要繼續分享三個高效行動及學習可以執行的方式，供大家參考。

將事情簡化，讓大腦更願意下達嘗試行動的指令

很多時候，我們遇到事情會下意識的覺得不可行或是太過困難繁複，使得大腦會下判斷不肯嘗試行動，此時我們需要簡化所要做的事情，將繁雜的事情理出簡要的做事方式，將困難無法完成的任務先行調整當下可以達到的事項，讓我們的大腦願意下達嘗試行動的指令，可以讓我們的做事更有效率。

增加行動吸引力

做事情有所行動靠的是強而有力的動機，要不然就

是要讓我們對於行動有吸引力才會想要去做，此時可以朝著增加行動吸引力來進行，例如時下大家流行健身減重，一個人動力缺缺，不妨呼朋引伴一起來運動，增加社會連結，會提昇行動的吸引力，讓人更有動力去執行這件事情。另外，跟著潮流走也是可行的方式，路跑是當下潮流，跟上潮流參與路跑可以打卡分享，增加行動吸引力，讓我們更願意投入在所欲行動的事情上。

獲得立即行動成就後的增強

人是需要成就與增強的動物，要讓我們的行動更有效率，則必須適時的給予增強，尤其是在獲得立即行動成就後，當我們在做了一件事之後，可以獲得立即的滿足，則下一次想到要做這件事情時，我們就會更願意地去做，甚至會更預先的準備好所有的工作，例如我們每天在例行的跑完三千公尺後，就可以看一部自己喜歡看的韓劇，同時喝上一杯喜歡的手搖飲料，這樣的立即成就會讓我們更想要嘗試行動。

學習要有效率，可以如同上述三項高效行動可以執行的方式，簡化學習任務，增加社會連結以增加行動吸引力，然後在學習行動後立即給予增強，將有助於有效率的學習。

有效學習必續持續不斷的進行

有效學習不是一次就能達成，必須如同滾雪球一般，持續滾動將使雪球不斷擴大，學習也是如此，持續有效的學習將展現驚人的效益。另外，圖像式學習、系統思維、區塊整合、心智模式、學習遷移這都是在進行學習可以嘗試的方式，讓學習更有效率，另外，學習必須重複才能產生效果，所以在進行每一次的學習過程中要不斷的重複上述的學習模式，且要刻意的練習，才能讓學習產生效益，如果可以跨領域的嘗試學習挑戰，將學習遷移，類化我們學習的概念，豐富成長型思維，讓學習提升。

透過學習讓自己成為主動的知識整合創造者

未來百分之八十的工作現在都還沒有出現，知識爆炸，社會瞬息萬變，我們不能以過去的思維方式來思考未來的社會。另外，科技進步，大腦學習要能同步更新，高效學習能讓我們成為聰明學習者，在有效時間內進行效能學習，讓知識獲得及學習遷移，成為新時代跨領域的知識學習整合創造者。

跨域整合，讓學生自主學習更上層樓

　　學習不該只能單一，更可以多元，素養導向的教學訴求學習可以融入於生活中，生活中的學習本就是多元豐富，透過跨域整合，來讓學生自主學習，自然就能與生活結合，將所學應用於生活之中，讓學習更上層樓。

▌食農教育在地連結，讓學習更有趣！

　　不同的地區可以進行有不一樣的環境融入學習，城鄉本來就有差異，市區人文資源豐富，各式場館就是學習可以使用的最佳場所；農村鄉下自然資源豐富，讓學生向大自然學習再好不過了，就此我們可以設計食農教育的在地連結，讓學生親近土地，在地學習。

　　暑假前學校裡種植的農作物都收成了，剛好可以利用暑假這兩個月讓土壤休養生息，充分地在陽光下曝曬，以待來年下一期的時蔬耕作可以擁有更多養分，種植收穫更好。

新學期開始後我們規劃了教室前的耕地種植內容，打算搭配時令指導學生進行季節食蔬的種植，並且要讓孩子學習「食在地，吃當季」這樣的食農流行準則。除了設計小一新生種下象徵聰明的蔥苗種植，讓學生「種出聰明來」之外，也規劃了包括白花椰菜，青花椰菜，高麗菜，芥菜，以及芹菜這些冬季作物，配合時令及氣候種植，並參照農民曆上的節氣來耕種，向先民學習別具意義。我們所種植的五樣食蔬各有意涵，花椰菜象徵讓孩子的學習可以開花結果，花團錦簇，高麗菜，希望學生的學習可以更上一層樓，學習成效提高，芥菜在冬季收成時會有心，代表學習要用心，另外芹菜就是鼓勵學生要勤學，配合食農教育的落實與推動，讓學生的學習跨域整合，動手耕作，結合自然課的植物生長觀察與紀錄，在生活中學習。

跨域整合，多元學習即在其中

「處處留心皆學問」，我們所種植的芹菜由於有特殊的氣味，因此也有驅蟲的功效，在推廣有機種植的同時，教導學生認識菜蟲也思考如何驅蟲，原來不用農藥也可以達到驅蟲的功效。芹菜就是帶有香氣的植物，這樣的季節食蔬種植活動，除了讓學生體驗親手種植之

外，也認識了不同植物的特性與種植的時節，適當的時間與適合的種植地點，再加上妥善的照顧，才能讓作物長得更好。透過食農教育的推動跨域整合，讓學生在生活中體現素養學習，學習不只在課堂教室之中，更可以落實於校園的每個角落。

多元學習，成為積極有效率的學習者

跨域整合是目前業界流行的趨勢，學習也應該如此，用心生活，努力學習，把握當下，勤奮向上當有所成。期待學生未來的學習可以更多元，透過自主學習，讓自己成為積極有效率的學習者。

自我要求，讓自己成為能自律的學習者

新學期新希望，來談談自我期許

有人說「自律的人，能做好許多事」，這是因為知道自己必須要做什麼，且有責任感，能夠衡量有多少時間可以使用，按照自己的步驟來完成每一件事情，如果能夠將「自律」當作是很重要的學習目標，那麼生活中的很多事情都能按照自己的規劃完成，學習自律也是生活中的重要素養，可以讓學生自我要求，然後學習順利。

「他律」然後才能「自律」，學習成長階段的孩子學習自律必須先由他人的引導，然後嘗試去做，慢慢地才能過渡到自我要求，養成自律的習慣，自律的習慣一旦養成，不管生活還是學習，就都能夠按部就班的進行，長久來看，孩子就能成為自己學習上的主人，還能成為生活中的贏家。

開學第一天，先從班級經營入手，有好的班級經營，才會有順利的課堂教學，所以我打算先來教學生對於新的一個學年自己的學習及生活上的自我期許，讓學生思考新學期新希望，並藉此教導學生正向積極的概念。

若是只有交代「寫下新學期新希望」這個學習任務請學生完成，班級裡的學生大概有很多同學感到困惑，不知道怎麼開始，也不知道要如何思考，因此我想讓學生嘗試思考並與其他同學討論分享，最後再訂下自己的新學期新希望，明確的知道自己的目標是什麼，具體的寫下自我要求的內容，並思考自己該怎麼樣達標，透過這樣的方式讓學生來好好的想想自己如何學習得更好，並可以在此活動中，與同學互相交流，了解彼此，更學會如何規劃自己的日常學習生活。

讓孩子養成好習慣

素養導向的教學就是要學生可以將課堂所學應用在生活中，並且可以迎接未來的挑戰，教學生設定目標、自我期許，可以讓孩子養成好習慣，並對自己負責，擁有這樣的核心素養，未來不管學習、工作或是生活都可以表現良好，讓自己受惠。

發散思考，如何更好

為了讓學生的學習更有效率，我先請學生們每人寫下一件自己想要變得更好的事項，例如「健康」、「學習」、「交友」、「運動」、「閱讀」、「鋼琴」等等，先發散式的思考，然後讓每個孩子上臺來寫在黑板上，盡可能的讓每個同學都上臺來將自己的答案寫下，然後討論類似的答案，歸納出班上同學想要變得更好的事項，這是第一次的個人學習任務，黑板上同學們寫下的事項也就成為老師在進行第二個教學活動的答題參考資料了。

完成自我要求九宮格

然後，我讓孩子在紙張上畫上九宮格，然後在最中央的那一格寫上自我要求，這個九宮格就是自我要求的主題九宮格，然後參考黑板上的事項填入圍繞著自我要求這一格的其他八格，由於有其他的事項可以參考，幫助思考，此舉有助於學生在短時間裡快速的做選擇及判斷，而不會坐在位置上空想想不出來，黑板上大概有二十幾個參考事項，學生從中進行挑選，也可以自己寫下自己不同的想要改進的事項，這樣的教學方式可以幫助學生思考與判斷，就如同我們去麵館，看著菜單來進

行挑選一樣，但如果是到沒有菜單的店家，一時三刻我們也想不出來有哪些菜可以點。

量化可行的目標數量

當學生都已經完成九個格子的內容，這時候試著讓學生具體的寫下想要改變的數量或是作為，例如，健康這一格，就可以寫下每週喝含糖飲料不超過兩次；閱讀這一格，就可以寫下每週到圖書館兩次，並借閱書本至少兩本。這樣具體的量化數量的自我改進方式有助於學生設定目標，另外因為不是遙不可及的目標，所以學生會想嘗試去做到，且是自己設下的標準，最後再簽上名字作為自我承諾，此舉可以讓學生更有動力去完成自己設下的目標，透過這樣的新學年新希望來讓自己表現更好。

分享交流讓班級氛圍更好

接下來，讓學生兩兩分享自己寫下的內容，交換心得之餘，也看到別人想要努力的方向，相互勉勵。盡可能的與多一些同學交換意見，就可以知道大家想要改進的事項是什麼，當全班同學都進步了，那麼班級氛圍也改變了，變得越來越和諧，班級經營做好了，課堂上的教學也會更為順利。

▌口語表達練習，說出自我期許

最後，搭配口語表達的練習，讓學生上臺來說說看自己的新學期新希望，並在班上所有同學及老師的見證下，自我期許、自我承諾，說出「我會讓自己變得更好，我會在以下幾個層面來進行改進。」

參考的自我承諾的內容如下：

「我是○○○，我會讓我自己變得更好，我的新學期新希望就是要讓自己變得更好，在閱讀方面，我期許自己可以每週上圖書館兩次，然後借閱圖書至少兩本，每天在家裡會花三十分鐘來閱讀。在運動方面，我期許我自己可以每天跳繩至少三百下，然後多喝白開水少喝含糖飲料，天天吃五蔬果，讓身體更健康，作業一定要在每天的八點前完成，多出來的時間就可以練習鋼琴三十分鐘，或是打球運動，透過這樣具體的練習，我相信我一定可以變得更好。」

閱讀	運動	健康
寫作業	自我要求 ○○○	學習
上網	鋼琴	交友

設定目標，追蹤檢視

具體的寫下自己想要達標的內容，有助於學生更有信心且有動力的去完成自己所設下的目標，然後每週檢視自己的目標，長久下來，這樣一學期的目標規劃就可以看到成效。

若是學生的年級較低，也可以讓學生共同討論一起要改進達標的事項，然後只要留下三個事項讓學生思考後填入，這樣更容易讓學生完成任務，讓每位學生都有學習的參與感。

練習後再上臺發表，降低緊張與焦慮

在讓學生上臺分享前，老師也可以先進行分組，讓學生在小組間進行練習，最後再上臺發表，同組同學可以給予協助與建議，讓上臺發表的同學降低緊張與焦慮，增加上臺的信心。

九宮格思考法用以讓學生學會系統思考，而新學期新希望是每學期都可以操作的教學活動，將這兩者融入在課堂教學活動上，除了可以讓學生養成好的生活習慣，更可以練習獨立思考與表達，這就是生活中及學習

上的素養教學。

　　當然，在這樣的教學活動設計之下，還可以進行許多延伸的教學，例如教學生有效率的規劃時間、做計畫，或是練習寫作文，這都是可行的教學思考方向。

▌為自己負責，讓自己更好

　　素養導向的教學不需要完全按照教科書來教學，當老師心裡有想法，從生活中出發，以學生為主體來設計課程，都可以是讓學生在生活情境中學習的素養導向教學，重要的是讓學生可以將所學應用於生活之中，讓學生為自己負責，造福人群，也讓自己變得更好。

學會這招，讓你讀過再也不會忘！

在課堂裡觀察學生的學習，大致可以發現有兩種學習樣態，一種是上課仔細聆聽，認真作筆記，課後也花很多的時間複習，但不見得就能把書本裡的內容還有老師講授的重點都記起來；反之，有些學生在學習過程中沒有花很多時間，但確實有效的掌握學習的內容，事半而功倍，兩者之間的差異就在於學習認知方式的不同。

▌學習不是只有一次又一次的記憶與背誦，「反思」是學習高手最擅長的策略！

要把所學的知識記起來，很多人會直覺的認為多看幾次，多唸讀幾次應該就可以背起來、記起來了，但是這樣的認知方式只會讓我們當下所學習的內容與知識進入大腦的短期記憶區，時間一久當時所記得的內容就會慢慢的忘記，反而使用其他的學習方式可以讓所學的內容進入長期記憶區，過了一段時間還可以比單純的反

覆記憶的學習方式，記得更多。學會反思這招，讓你讀過再也不會忘，因為後設認知可以系統化、深化學習歷程，讓學習更有效率。

▍短暫的學會不代表已經真的學會，務必擺脫過度學習依賴

　　當學習遇到困難時，學生總希望有人可以提供協助，例如數學課老師講解了應用問題，看了老師的解題演算過程，得到了答案，但並不清楚其中的解題關鍵，於是立即在下課時找了同學尋求幫忙，當同學講解了他的解題策略後豁然開朗，原來這題數學應用問題是這樣解出來的，得到了答案讓自己的疑惑解除，安心了許多。

　　短暫的學會不代表真的已經學會，過了兩三天，數學課上老師出了類似的題目來考驗學生是否懂得單元的核心概念，當再次遇到類似的問題時還是一樣卡關，只知其然，不知其所以然，還是無法獨立完成解題的任務，學習停滯，無法持續向前邁進。

　　學習依賴會讓人不想獨立思考，仔細的想想自己不懂的地方在哪？為何不懂？是先備知識不夠，還是迷思概念不清，還是計算過程漏了步驟，沒有針對自己的學

習困難點加以思考，只是為了得到立即學習任務上的過關，可以在他人的協助下將作業完成，將考卷上的題目寫完，但沒有了師長或是同儕的學習鷹架協助時，就無法完成學習任務，因此必須讓自己的學習歷程擺脫學習依賴，對於自己學習上不懂的地方審慎思考，或許是補足觀念不清楚的章節，或是釐清自己的迷思概念，抑或是獨立的完成學習任務，這都有助於自己真正的搞懂當下學習的內容。

深化學習，活用知識，讓學習產生遷移

深化學習最為重要，要記得我們所學到的知識，讓這些知識進入大腦的長期記憶區，則必須先對於認知學習有所認知，每個人整理所接收到的知識的方式都不相同，有效的認知學習方式不會只有依賴記憶，「反思」是所有學習高手都非常擅長一項學習方式，透過反思，可以建構自己所學習到的知識，另外會以系統化的方式來整理自己的大腦資料庫，經過反思整理過的資料能相容於自己大腦的思維方式，當要使用這些資料時就能從大腦資料庫中提取，成為能夠活用的知識。

每次在學習到新的知識或是閱讀完一本書的內容之

後，可以善用反思的學習策略，除了畫重點、寫筆記這些既有的學習方式之外，可以嘗試透過回想整本書或是所閱讀篇章的架構與寫作脈絡，以作者的思維來思考文章的寫作進行安排的想法，然後解構內容大綱，以再概念化的學習方式來進行學習，讓自己的學習不再只是文字的理解與記憶，反而是較高層次的文章內容理解與分析，如此一來，這樣的知識接收方式可以在往後的學習派上用場，再次遇到類似的知識學習時就可以起遷移效果，快速而有效地的進行學習。

▎使用黃金圈的反思方式來進行學習快速又有效

透過自問自答的方式進行回想，what？how？why？「老師教了什麼？」「教學怎麼進行？」「老師為什麼要用這樣的方式上課？」在上完一堂課後可以花一些時間來回想一下這堂課中老師上了哪些內容，老師主要講述的關鍵概念有哪些？為什麼老師會特別的舉例說明，用意何在？透過反思可以收後設認知學習之效。同樣地，在聽了一場演講或是研習講座後，也可以反思的方式來回想講師所講授的內容，試著再講給自己聽一次，或是分享給朋友、家人，都可以收學習提升之效。

有效學習講求的學習方式不是單一，而是多元，透過多元學習方式可以讓學習內容深化，讓記憶進入大腦長期記憶區，不再學了就忘了，當學會如何學習就能駕馭學習內容，應用於生活之中。

寫下來，說出來，都是可以幫助你有效學習的方式

許多人透過閱讀分享及撰寫書評來作為學習策略，為了要讓讀者可以更清楚明白書本裡的內容在講什麼，就要試著以較為簡單易懂的方式來講書裡複雜的概念，這樣的資料轉化整理就是系統化整理知識的有效方式，長期累積下來，資料整合與概念形塑將越來越快速，越來越簡單，這也是為什麼知道如何學習的人可以花少少的時間，但更有效益的獲得新知識，從生活中的經驗來思考，我們發現當大量閱讀之後，會發現很多書本有共通的概念，懂得閱讀且經常閱讀的人在看一本書時也不見得會逐字看，因為從目錄大綱中已經可以窺見一二，甚至可以猜想作者會怎麼架構這一本書的內容進行撰寫，就好比經常看連續劇的觀眾，看個一兩集後就可以猜想接下來的情節如何進展，最後的結局怎麼收場，與朋友討論時下流行的影集劇情，經常為之，你也有機會可以成為未來的劇作家。

花的時間不多，但是學習效果更好

　　有效學習可以讓你花更少的時間，獲得更多的知識，所以，當下次在準備讀書考試時，不妨嘗試這個學習高手經常在使用的學習策略，反思一下你所學習的內容，類化相同概念，讓學習產生遷移，讓所學的知識內容進入大腦長期記憶區，讓學習更有效。相信我，學會反思的學習策略，讓你讀過再也不會忘，在每次上完課後，或是讀完書時進行反思，花的時間不多，但是學習效果一定更好。

開學第一堂課，與學生分享健康與學習

比學習更重要的是健康，擁有健康的身體，才有體力面對學習的挑戰。要想學習更好，則必須懂得學習策略，善用各種學習資源，透過學習增加知識，開闊自己的視野，豐富人生。

開學第一天，學生在度過史上最長寒假之後回到學校，第一堂課我們不急著立刻翻開課本進到課本內容的學習，反倒是先建立起學生正確的學習習慣，並且因應這次的防疫總動員進行機會教育，培養學生健康與衛生的好習慣，還有可以在家自學的學習資源，提前因應未來，因為沒有人能知道未來會發生什麼事，凡事豫則立，不豫則廢，洞燭機先，才能防患未然，讓自己保有持續的競爭優勢。

我們經常會聽到，健康的身體是 1，而財富、名聲

等在人生歷程中可以創造的種種想要追求的目標是 0，透過努力，我們可以擁有許多的 0，創造自己的人生價值，但是如果沒有了最重要的 1，則再多的 0 都會變得沒有意義，可見身體健康的重要。

透過課堂傳遞健康的重要，並教導學生要養成衛生習慣，防疫之餘也要共同努力，勤洗手、出入公眾環境要戴口罩，落實自主衛生管理及環境消毒，維護自己及家人的健康安全，一起促進與創造健康環境。

有了健康的體魄，就可以放心的學習，透過學習來讓自己人生夢想實現。課堂上利用一些時間詢問了學生關於延後開學這兩週，這突如其來的假期，在家裡怎麼運用這些時間，除了到安親班或補習班之外，在家有沒有嘗試線上學習？知道哪些線上學習平臺可以使用在家學習？大部分的學生回答在家看電視、玩手機，我順勢問了問，你們知道手機也可以用來學習嗎？很多老師透過各種影音數位平臺拍攝影片，讓學生可以在家使用手機上課，讓學生得以「停課不停學」。除了沒有直接面對面上課之外，更可以線上即時提問，讓老師知道學生是否聽懂課堂上老師教的內容。

當學生對於線上學習有了初步概念後，我們立即使用教室裡的智慧互動電視，實際點選教育部的教育雲網

站來進行示範，讓學生了解有哪些現有的教學媒材可以使用，這些線上教學資源，除了供給停課補課學習不間斷使用之外，更可以作為輔助學習之用。如果想要學得更多，或是增加各領域的知識，或是想要挑戰跨階段學習，就可以使用這些線上教學資源來自我學習。

當然，我也分享我為了學生的學習所拍攝的語文學習影片，透過影片傳達閱讀與寫作的基本概念，當學生聽到了我熟悉的聲音，並看到了影片中我的出現，覺得新鮮也覺得有趣，這樣的學習，提升了學生的學習動機，更可以反覆播放，再次觀看學習，這就是科技發達所帶來的益處。在學生良好的反應下，更增加了我持續拍攝影片給學生觀看的動力，未來我將持續拍攝教學相關的影片供學生觀看，也提供老師及家長們參考。

居家防疫，學習可以持續，在科技的輔助之下，各種教學平臺都是可以善用的資源，重點是要讓學生知道資源在哪裡，並且懂得運用資源，讓自己的學習不間斷，然後創造自我學習的價值。老師值此之時，也可以嘗試不同的教學體驗，拍攝錄製影片，記錄自己的教學歷程，也預先為生活中的不確定做準備。生活中總是充滿不確定性及挑戰，唯有做好準備，才能順利通過挑戰。

附註：國中小學生可以利用之線上學習網站資源

1.教育雲，網址：https://cloud.edu.tw/

2.教育部因材網，網址：https://adl.edu.tw/

3.CoolEnglish 英語線上學習平臺，網址：
https://www.coolenglish.edu.tw/

4.國家教育研究院愛學網，網址：
https://stv.moe.edu.tw/

5.均一教育平臺，網址：
https://www.junyiacademy.org/

6.PaGamO 遊戲學習，網址：
https://www.pagamo.org/

7.LearnMode 學習吧，網址：
https://www.learnmode.net/

8.臺北市酷課雲，網址：https://cooc.tp.edu.tw/

9.高雄市達學堂，網址：http://drlive.kh.edu.tw/

當然，勝忠老師的影片也是你不容錯過的線上學習
資源：https://www.youtube.com/watch?v=p-ovzyK9Cpl

YouTube搜尋關鍵字：王勝忠

學習沒有假期，善用資源讓學習
更有效率。

動手操作，體驗學習，積木課程正流行

108 課綱強調自發、互動、共好，讓學生自主學習變成是教育新趨勢，每個學生都可以是 Maker，透過創客教學，讓學生動手做，體驗學習，期許學生可以主動學習，學得更好。

積木學習的好處

積木的特性就是讓學習者可以實地觸摸感受，拿在手上的感覺真實，較之紙本的圖畫而言，立體而真實，且學生可以 360 度轉動，看到不同立面，用來引導學生幾何及空間學習再適合不過了。

以學生的認知學習發展而言，低年級學生處於具體運思期，透過積木的具體操作，剛好符合學生的認知學習歷程，給予目標參考，讓學生一步驟一步驟參照著圖樣來拼組出立體的積木作品來，可以培養學生仔細觀察

及參照確認的能力。

另外，等年紀更大些，到了高年級學習空間幾何圖形，進入認知發展抽象運思階段時，因為有過往積木操作的鷹架橋接，則可以銜接的更順暢，這就是積木操作給予學生的學習效益。

▍推論與自我驗證

積木的操作還有一個特性，就是學習者可以動手操作，自行嘗試確認所拼組出的成果作品是否與目標成品一致，若是不同有差異，則可以分解退回上一步，思考後再次拼組，直到完成正確的作品，此舉可以幫助學生獨立思考，在錯誤嘗試的過程中自我修正，如同研究室裡的工程師或是科學家在擬定製作過程中研發出良品的歷程一般，帶有探索的意味，整個過程就是自主學習的歷程，為了完成作品主動出擊，不用人催，也不用任何的獎賞鼓勵，是打從心裡想要完成作品，完成學習任務，對於未來的數理學習，或是科學探究都有一定程度的關聯，不管是推論或是脈絡推演都有所幫助。

探索未來，了解自己的學習興趣，可以藉由積木的

操作體驗開始，給孩子一組積木，他們可以玩好久好久，先模仿後創造，有耐心的一步一步組裝，在操作分解拼裝的過程中，專注投入是一定要的，藉由觀察學生的學習可以發現，學生聚精會神，手眼並用，先觀察後擬定策略動手組裝積木，組裝錯誤就拆解重來，直到作品完成。若能讓這樣的自主學習成為學生的學習習慣，不管是組裝積木也好，或是學習其他科目也好，相信都能看到學生學習長足的進步。

▍嘗試錯誤再從中修正，體現自主學習的真締

不怕錯誤，願意嘗試，就能找到成功的途徑，學習也當如此，當學生成為能夠自主學習的學習者時，學習主動積極，為了解決問題，查找資料已不是困難，更為了創作發想，持續努力則會成為常態。跨域整合正流行，將積木操作融入數理學習，奠定學生學習基礎，不管是空間幾何，或是圖形方向，從具體到抽象，透過不斷地練習，可以建立更為紮實的學習成效。

▍現在決定未來，學習就該如此

未來科學家與工程師的培養，可以從現在的積木操作體驗開始，按圖索驥，一步一步慢慢來，能夠跨域學習，獨立思考的自主學習者，將會是未來具有大膽推

論、小心驗證能力的未來科學家及工程師。

　　動手做，體驗學，同學們一起操作學習，相互協助合作，讓學習更加美好，這是學習的美好風景，也是老師們所期待的美好學習樣態。學生未來的成就從此刻的學習開始，帶著學生一起來體驗創客學習的美好吧！

從客觀到主觀，來談如何引導學生回答問題及完成學習任務

為什麼老師提問學生總是不積極回答？

「有沒有問題？這一題誰想要回答？」

　　每每在課堂上當老師請學生回答時，如果是低年級學生，一定很多學生舉手搶著回答，但是如果是中高年級，你一定會發現舉手回答的人寥寥無幾，如果場景來到了大學課堂，那你一定會看到有些學生低頭認真，有些學生忙碌做著筆記，就是不想與老師四目相對，只要不回答，就不會有答錯問題的情形出現，就這樣，老師希望學生回答問題，才能知道課堂中的教學內容學生吸收理解的情形，藉由讓學生回答老師的立即提問及作答問題，來檢核教學目標是否達成，然而，願意主動回答問題的學生往往不如老師的預期。

為什麼學生在課堂上不立即回答老師的問題呢？有可能是害怕直接面對錯誤，還有直接面對同儕的目光，一旦答錯，同學們立即反應的訕笑多讓人不知道如何是好，因此，要讓學生敢於回答問題之前，我們不妨先嘗試讓學生敢於嘗試回答，有承受錯誤的勇氣，更有甚之，可以在回答問題的過程中獲得成就感，然後將課堂提問與回答問題當作是學習過程中再自然不過的事情。

　　因此，讓學生勇敢嘗試回答問題，這是我們必須思考的課題，國內的教育環境，學生總是習慣得到標準答案，如果沒有十足的把握，學生們不會輕易的主動回答問題，除非是被老師指名點到，不得不回答問題，這時才會把心裡的答案講出來。

▍在課堂學習中獲得成就感可以讓學生學習更有動力

　　在教學現場中的觀察，我發現會一再的參與課堂討論的學生，上課是專注的，而且通常都是有把握的，透過這樣的學習方式，課堂投入，與老師互動，可以立即獲得老師的回饋，獲得成就感後，下次還會再用這樣的方式來進行學習，持續在學習過程中獲得成就。

要讓學生敢於發表，提出自己的想法，說出自己的答案，我想，可以先讓學生先有把握，就像知道答案時，心裡就會有動機想要舉手發言；學生總是想要得到標準答案，當知道標準答案時，就敢說出答案，不怕別人怎麼看，不管別人怎麼說，這些標準答案若以主觀或是客觀來區分，就是客觀的，例如二加二等於多少？這樣的數學問題，如果問學生，毋庸置疑，學生會堅定而勇敢地說出自己心裡的答案，若是請學生說說為什麼二十四節慶中，遇到春分與秋分這兩個節氣時，白天與黑夜的長度是一半一半時，心中沒有十足把握知道答案，他們會考慮是否勇敢主動說出自己心中所想到的答案；或是看到一幅圖畫，說出自己心中的感受，這樣的主觀意見，這時學生會考慮再三，不說就不會錯，開口說就有可能必須面對同儕的目光及老師的評價。

　　綜上而論，我們可以從學生的學習心理來思考，提問時可以稍加設計，在學生進行學習任務時，先設計客觀、容易答對、答案單一不複雜的問題，讓學生實際完成問題的回答，心中有所成就感，對於之後的問題有把握，然後再進行必須提出主觀意見的問題來加以回答，如此一來，可以讓學生在回答客觀問題時獲得成就感，

然後勇敢迎接挑戰，回答較為主觀的問題，當然也可以
將客觀問題與主觀問題加以整合，讓學生說出自己知道
的客觀答案，然後再來分享發表自己想要說出的主觀意
見及想法，這都有助於學生克服開口回答老師問題的障
礙，讓學生在課堂學習過程中，更有自信，學習提升，
獲得成就感。

▌解課堂學習任務就像打怪過關，可以讓學生不斷提升 學習技能

　　考試引導教學，在目前還是以升學考試做為主流的
教學場域中，若是過度強調考試成績，一再的進行練
習，那麼學生就可能會被我們訓練成考試的機器，答題
的技巧提升，但是學習的能力不見得連帶提升；考試是
評量的其中一種方式，目的在檢視學生學習成效，但是
一聽到考試，學生反射性地期待自己必須回答出正確的
答案，若把老師課堂中的口頭提問當作考試來看待，那
麼就會思考自己的答案是否符合老師的期待，是否是正
確的答案，如此一來，害怕答錯問題時同儕的目光，也
擔心老師的評價，因應這樣的情境，傾向於不主動舉手
發言，不回答問題，但這對於學生課堂學習並沒有幫
助，如果老師可以將課堂提問設計成學習任務，讓學生

主動探索來解學習任務，就像學生喜好的網路遊戲打怪解任務一樣，先從簡單的題目入手，增強學生的答題能力，然後循序漸進引導學生完成一連串的學習任務，先簡單後困難，先客觀後主觀，如同學生打網路遊戲般，在持續過關中解任務，並且習得學習技能，讓自己的學習成效提升。

鼓勵學生主動學習，讓自己學得更好

教學不是只有一種模式，學習也不能只有單一的樣態，鼓勵學生主動學習，課堂參與發表，我們可以設計學習任務讓學生來解任務，只要把握從客觀到主觀的學習原則，引導學生回答問題及完成學習任務，相信學生一定能從敢開口回答問題，到能夠回答出老師認可，並且有自己觀點及獨到見解的答案，讓自己成為學習的主體，成為有多元能力的獨立學習者。

溝通表達

培養孩子獨立思考的能力

　　前不久聽到一位家長說，孩子在家裡時問他一個問題，回答時喜歡用一個單詞來回答，總是無法將自己的想法完整表達，雖說每天相處在一起，爸媽可以知道小孩的想法及意思，但還是會擔心長久下來，孩子未來在溝通表達上會不會跟不上別人，不免心中有些緊張及擔心。另外，遇到問題，問孩子有什麼想法時，孩子經常回答不知道，或是都可以，所有事情依賴著爸媽幫忙解決，自己沒有獨立思考的能力，也因此，在表達時無法進行完整的回答，僅能用單詞來回應問題。

　　其實，培養孩子獨立思考的能力並不難，尤其是親子間有穩定的關係下，孩子信賴爸媽，則爸媽可以扮演關鍵的引導角色，幫助孩子培養獨立思考的能力，也發展良好的口語表達能力。

建立良好溝通關係

要幫助孩子獨立思考及提升口語表達能力，首要就是要建立良好的溝通關係，當溝通有效時，孩子才聽得進去父母師長的話，孩子也才會願意將自己心裡的話說出來，肯說、願意說，然後才能說得好。另外對話也很重要，父母師長可以善用提問策略，來引導孩子回答問題，這些問題除了回答要或不要，是或不是的答案的問題之外，必須要適時的再加入開放性的問題，才能讓孩子多加思考，而不是不假思索就反射性的回答同樣的答案，「對話」與「良好的溝通」是培養孩子獨立思考的基礎。

給予孩子自主權

　　現代父母總是喜歡幫孩子做決定，長久下來，孩子就會依賴爸媽不想做決定，或是因為知道說出自己的想法也沒有用，爸媽還是不會順著自己做的決定來行事，說了等於沒說，白費功夫而已。因此，父母師長必須給予孩子自主權，讓他們自己做決定，支持孩子們所做的決定，另外，當孩子所做的決定不妥時，可以藉此分析其中的利害得失，還可以舉自己的經驗來提供孩子做決定時參考，由於孩子的生活經驗不多，所參與過的事情歷練較少，所以在事情決策選擇上可能會有偏失，在價

值判斷或是兩難情境時，難免會因低估情勢或蒐集的訊息較少而判斷錯誤，但這是讓孩子能獨立思考的必經過程，唯有讓孩子獨立思考，面對情境來做決斷，讓孩子擁有自主權，畢竟父母師長無法幫助孩子一輩子，適度的放手，才能看到孩子能夠自己走。

▎利用適當時機進行機會教育

因為孩子的生活範圍較為狹隘，遇到相關事件因應處理的經驗較少，所以會不知道如何處理，要幫助孩子提升處理事情的方法及知道如何因應，最好的方式就是利用適當時機進行機會教育，例如家人一同看電視，新聞報導國中生淪為詐騙集團的車手，落網後後悔莫及，看到這樣的新聞事件時，就可以進行機會教育，分析此中的利害關係，並告知那青少年可能必須負擔的刑責，然後給予一個類似的情境，讓孩子思考，如果是當事人會如何思考，如何判斷，如何選擇，別人的經驗可以是我們的借鏡，適當的時機進行機會教育，沒有針對性，讓孩子更願意與父母師長討論，分享自己的想法。

▎在生活中練習

生活中的大小事都是可以培養孩子獨立思考的時機，例如假日早餐去哪吃，試著讓孩子來規劃，告知時

間多長，預算多少，家人想要吃的早餐個別是什麼，讓孩子蒐集訊息，然後進行評估，最後提出方案，當週週日的早餐全家就到那家店吃，要完成這樣的任務，孩子所要考量的事情並不是只有自己單方面的想法即可，必須全盤考量，才能得出最好的答案，這就是學習的歷程。另外，也可以讓孩子自己規劃自己的房間家具的擺設，帶著孩子去賣場看專業店家的規劃，讓孩子仿照學習，從各種因素的思考，來進行自己房間擺設的規劃，其中必須考量房間面積，各項家具所佔的空間大小，動線的流暢度，以及光線的來源方向等等，這也是在生活中練習獨立思考很好的方式，讓孩子練習做自己的主人，而父母師長就是孩子的決策顧問，從旁給予建議，適時提供意見即可。

▌良好親子關係，是有效溝通的基礎

　　培養孩子獨立思考看似不簡單，實際上也不困難，只要從上述幾點建議來試著做看看，讓孩子在生活中學習，反覆的練習，遇到適當時機進行機會教育，陪著孩子做決定，給予建議，這就是教導孩子獨立思考可行的方式，另外讓孩子將自己的想法說出來與父母師長討論，在良好的親子關係基礎下，有效的溝通討論，相信

孩子一定會願意分享自己的想法，在生活中各個情境下，當爸媽問問題時，不但可以說出想法，更能完整的表達，且能提出很棒的見解。

回答完整有助於學生的思考與表達更好

▌現在是……

今天上課時讓三年級學生試著看時鐘說出時間，藉由此一方式來讓學生練習思考與表達。表達的練習如果可以在生活中來進行，更可以符合學生的需求，讓學習無所不在，且能符合生活情境。

教室裡有個時鐘，時鐘上呈現的時間是 11 點 20 分，我請全班所有學生看時鐘說出時間來，由於先前學生已經學過如何辨識時鐘上的時間，因此這樣的學習活動對學生而言是熟悉的、是可以達成的。在這樣簡單的活動中，主要是要讓學生可以從同學及老師的分享互動中，察覺完整表達可以怎麼做。

當我提問，請看時鐘，請問現在是？

問題才剛講完，就有許多學生立即舉手，等著回答老師的問題。

　　其中一位學生回答說：「11：20」，簡單明瞭，這的確是日常生活中我們在進行對話時的反射性答案，我又問了學生「誰可以比剛剛那位同學講得更完整呢？」

　　這時又有很多學生舉手等著回答，點了一位學生回答「現在是上午11：20」，確實比剛剛那位學生的回答來得完整些，但還可以回答更完整，此時又有一位學生舉手嘗試回答「現在是上午接近中午的11：20」，我接著說「還可以更完整喔！再嘗試挑戰看看」。「現在是11月10日上午接近中午的11：20」，「現在是民國110年11月10日上午接近中午的11：20」，答案越來越完整。

　　單純的辨識時鐘上的指針並說出時間來的活動，其實就是一個很棒，可以讓學生練習思考與表達的活動。

▎認真聽別人講，仔細想

　　在一次又一次的練習回答的過程中，同學學會了認真聽別人講話，並且進行邏輯思考，思考著大範圍的時間以及小範圍的時間，再把年月日以及時分秒串接在一起，並且想著可以如何擴大思考範疇，這樣的練習就是

要讓學生學會完整的表達。

統整思考，有助於各項學習

　　日常生活中學生早已習慣反射性的回答，因此若能偶爾讓學生練習統整思考，則有助於未來的各項學習。

　　語文學習中的寫作能力提升可以從日常生活中的口語表達回答完整開始，一次又一次的練習過程中，可以培養學生仔細觀察及詳細記錄描寫的能力。因此，不妨就讓學生試著將簡單的事情完整的回答吧！

善用「提問」關鍵字，引導孩子說出完整的內容

精準表達可以幫自己創造更多的機會

「說話」，對大多數的人而言，是再稀鬆平常不過的事情，大部分的人每天都會開口說話，有些人因為工作的關係，更需要經常說話。然而，說話看似簡單，但是，如何讓他人在你的言語中了解你所要表達的意思，而不是在長篇大論後，卻讓人摸不著頭緒，可見說話十分重要，更是一門藝術。

其實，在日常生活中「刻意練習」，可以讓我們說話更為精準，而且在時間的積累淬鍊下，可以發現說話能力明顯的提升，除了更敢於表達之外，未來在眾人面前也會因知道如何表達而不會害怕，更能因為掌握表達的關鍵，而讓自己增加更多的機會。

最近大學學測剛寄發成績單，許多高中生正準備申請入學的面試，如果擁有良好的口語表達能力，並且知

道溝通表達時如何說得完整，則可以在短時間內，讓對方了解我們所要表達的意思，讓自己可以獲得青睞。

教導孩子說出完整的內容

說的完整很重要，對話就是要讓對方了解我們的意思，能完整表達後，再來追求精準表達，最後邁向表情達意的目標。

在此，我們要來探討如何教導孩子「說出完整的內容」。

在學校裡經常會遇到學生幫老師傳送文件到行政辦公室，看到學生拿著物品來辦公室，我問學生「這是要做什麼用的？」學生回答說「我們老師請我拿來的」，當下的我拿到了文件，但還是丈二金剛摸不著頭緒，撥了通電話給老師，才知道這是要轉交給代課老師的上課教材，如果學生可以在傳遞物品時加上完整的表達，就能讓對方清楚來意，順利完成任務，可見說出完整內容很重要。

透過簡單問答引導孩子說話

日常生活中可以怎麼指導孩子說得完整呢？其實，

在日常對話中透過簡單的問答來引導孩子說話就可以循序漸進的讓孩子們說得完整。

舉例來說，當學生要傳送文件到辦公室時，我們就可藉此機會來進行練習，當學生拿給我文件時

我問學生：「這個文件是要做什麼用的呢？」

學生：「不知道，老師請我拿來的。」

我：「你覺得老師請你拿文件來可能是做什麼用途呢？」

學生：「這個文件看起來可能是上課要用的教材」

我：「你覺得可能是哪一科目的教材呢？」

學生「我覺得這應該是國語課要用的課外閱讀補充教材。」

我：「為什麼你會覺得這是課外閱讀補充的教材呢？」

學生：「因為我們老師每次上國語課都會鼓勵我們多看課外書，也會讓我們閱讀課外補充教材。」

我：「原來如此！那為什麼老師會要你幫忙把上課要用的課本拿到辦公室呢？」

學生：「可能是要轉交給代課老師教學準備之用」。

我：「我了解了，原來你們老師請你幫忙拿文件到

辦公室來，是要轉交給國語課的代課老師上課教學準備用的啊」。

透過上述對話，我們可以清楚了解，整個事情的原委，以及為什麼學生會幫忙拿文件到辦公室。

▌善用提問關鍵字進行對話練習

善用「是什麼」（What）及「為什麼」（Why），這一類的提問關鍵字可以引導孩子進行思考，例如「這個物品是什麼呢？」「為什麼要做送物品到辦公室這件事呢？」這樣開放式的問題可以引導學生思考，為什麼要送東西到辦公室，然後繼續的提問「這個文件可能是做什麼用途呢？」讓學生繼續思考然後猜想可能的用途，這時學生可以就平常的觀察來進行回答，「可能是哪一科的教材呢？」引導學生繼續思考後回答，最後提出一個「Why」的問題，「為什麼你會覺得這是課外閱讀補充的教材呢？」從學生的回答內容中繼續提問，讓他能從生活中來進行思考然後回答，最後再提出主要想知道的答案「老師為什麼請你送文件到辦公室？」讓學生可以說明來意，也讓收到物品的人可以清楚明白收到的物品的用途。

由上述可知，日常生活中對話可以幫助孩子思考，師長善用提問策略進行對話可以讓孩子多思考然後回答，簡短的對話或是聊天過程中，多以「是什麼」、「為什麼」這一類的提問語詞來進行對話，則可以不著痕跡的引導孩子思考表達，然後引導孩子說得完整、表達精確。

　　當然，我們也可以讓孩子在執行一件任務時，先以問題引導讓孩子回答，用以確認孩子在協助傳送物品時知道任務內容，而且可以精準完成任務，所以我們可以先行讓孩子練習模擬對話，更真實的讓孩子進行說話的練習，而且可以完整的轉述或是傳遞訊息。

透過說話刻意練習讓孩子表達得更好

　　日常生活中來培養孩子說話能力其實不難做到，善用提問的策略，讓孩子多思考、多表達，這樣的「刻意練習」可以讓孩子經常思考，更習慣表達，最後我們則可以期待孩子們完整表達、精準表達。生活中到處都是學習的素材，只要我們能夠加以善用，都可以練習表達，讓孩子學會說話，與人相處，與人互動，說話表達稀鬆平常，透過對話或是聊天，陪伴著孩子學習，讓孩子更敢說話，並且可以說得更好。

教室裡的記者會，培養孩子的資訊統整力及提問表達力！

　　近來臺灣因為防疫興起一股「順時中」風，國人幾乎都認識防疫英雄衛福部長陳時中部長，尤其是他在主持防疫因應記者會時的神情令人印象深刻，不疾不徐、從容不迫，說明疫情之外，也安定民心，準時收看每天下午兩點一到的記者會，已經變成全民防疫期間的共同日常一定要做的事情，也因此學生們都認識陳部長，也大致知道記者會是怎麼一回事，因此，若依此來進行課堂備課，學生的學習動機一定強烈，另外口語表達是生活中的重要學習事項，那就將記者會的元素放到課堂活動之中，讓學生來學習媒體識讀，也發展口語表達能力吧！

結合職涯探索，讓學生發想「開一家這樣的店」

　　國中會考作文題目「我想開設一家這樣的店」，這是符合素養精神以及學生生活經驗的作文題目，發想開什麼店對學生而言應該不是問題，重點是學生必須能

夠清楚知道自己心裡的想法，為什麼要開設這樣的一間店，讓學生進行性向測驗及職涯探索，另外也可以透過討論交流，同學分享自己未來想要開店的想法以及其他相關的話題。

課堂中結合課本教材內容由老師先說明長大了其實隱含兩個層面的意義，主要是心智逐漸成熟，已經可以自己作主；另外，因為長大了必須為自己負責，不能只有單一方面的思維，只想享受而不想負擔責任，對於事情的考量及決定必須更周延，因此我讓學生想想長大後有能力時想開什麼店，如果可以開設一家「利他」又「成就自己」的店的話就太棒了，鼓勵學生盡量以雙贏思維來進行發想，然後分組討論，與同學分享自己想開的店，這是一間什麼樣的店，以及開這家店的原因為何。

▎記者採訪模擬體驗

分組討論之後，學生對彼此的想法有了初步的了解，這時候我讓學生試著從幾個面向來進行思考，擴大學生的思維面向，這家店除了滿足老闆自己的想法之外，還可以服務顧客哪些面向以及商店營運的一些相關細節，將問題相關的答案寫下，進行再次的想法澄清與聚焦。

然後，讓學生來嘗試擔任記者，訪問教室裡的不同型態創業家，以採訪的方式來進行問題提問，一個問題接著一個問題可以更深入的了解不同行業的屬性以及店家經營的方針，讓學生擬定採訪稿就是很棒的語文學習策略，另外透過採訪模擬，讓學生嘗試說話學習表達。採訪重視的是雙向互動，傾聽回應，然後更深入的提出關鍵問題，為的是幫助讀者獲得更多的訊息，此舉採訪者受惠，受訪者也得利，是一個雙贏的教學策略。體驗採訪也是有趣的學習活動，課堂中學生超喜歡這樣的活動，在聽到同學很有趣的回答內容時，笑聲此起彼落，教室充滿歡樂。

在班級裡召開職涯發展記者會

　　最後的重頭戲就是讓學生來進行班級記者會，在統計分析完班上同學長大後想開設的商店類型後，同學們必須比照記者會上的衛福部長一樣，清楚的為同學們報告結果，說明同學們之所以想要開設這樣的店的緣由，班級裡大多數的同學都想開飲料店，不然就是咖啡店，從同學們分享的緣由得知，開飲料店自己可以免費喝，開咖啡店可以很悠閒放鬆的在店裡放空休息，答案五花八門，聽到學生心裡的想法才是難得，藉由記者會的方

式，讓學生掌握大數據，這一班的學生就是全國同齡學生的抽樣，從中可以推論全國同齡學生所想，掌握普遍性的數據及相關資料。

然後，可以聽到幾個比較特別的答案，有學生因為看了網路上的熱門影片「黑人抬棺材」竟發想未來想要從事殯葬業，說殯葬業也可以很另類，不是只能一味的哀戚，也可以透過不一樣的方式讓死者安息，讓親屬得到撫慰，聽到學生這樣的想法時當下感到疑惑，但在學生說明原因之後，倒覺得班上的學生能關心時事，了解社會脈動，用不一樣的思維方式來看待世間的大小事，直覺這樣的孩子有自己的想法真棒！

記者會的進行，是種模擬練習，主持人掌握活動進行的節奏，發言的人要考量場合來說適當的話，提問的人也要事先準備題目，才能問出好問題，這樣的教學活動是學生都在電視上看過的，但實際操練起來才知道必須勤做功課，才能發言有內容，讓聽的人聽得懂，未來還有很大進步空間。

口語表達能力的培養不是一朝一夕就可完成，必須點

滴累積，長期練習，那麼未來的國家人才出現在班上一定不是夢想，而學生的語文能力就在學習活動的參與中逐漸的被建構、轉化經驗，在未來成為帶得走的能力。

輔導策略結合口語表達的創新教學

良好的情緒管理有助於人際關係發展

　　人際關係與情緒管理的課程是企業內訓很需要，也大受歡迎的課程，因為現代人工作壓力大，必須學會情緒排除與情緒管理，學習與自己相處，更要學習與他人互動，良善的人際關係將有助於自己在職場的表現。

學會情緒管理，溝通互動沒有障礙

　　學校是個小型社會，班級就是一個類似職場的封閉場域，老師就好像是 CEO，班長類似部門經理，各班級幹部就是部門的主管，主管間可以溝通協調，主管還要執行 CEO 所交代的任務，為班上同學服務，同學之間的相處，好似在職場裡的同仁互動，必須合作，也會競爭，摩擦衝突難免，學會與人相處就顯得特別重要，如果可以在學校裡就學會人際互動與情緒管理，將有助於

學生未來的發展。

讓學生「自說自畫」來抒發心情，管理情緒

好的情緒管理可以為自己帶來好的人際關係，與他人分享喜悅及好心情是可行的方式，遇到低潮心情不好時，也可以將自己的心情說出來，同學可以分憂解勞給予建議，讓心情找到出口，勇敢說出自己心中的話需要練習，教學生「信任」與「同理」就是老師在課堂中可以設定的教學目標，透過「自說自畫」，讓學生先自行思考，然後與同學討論，最後分享心情，藉此學會抒發情緒，做好情緒管理，為自己贏得好的人際關係。

輔導策略結合口語表達的教學策略

結合輔導策略與口語表達的課堂可以怎麼做呢？

老師可以透過繪本引導，或是生活中的師生案例分享，說明每個人都會有情緒，就像天氣一樣，不可能每天都是晴天，偶爾也會颱風下雨，甚至還有可能會發佈颱風警報，做好防颱規劃很重要，做好情緒管理也很重要，當情緒來時如何自處，如何排解都是老師可以帶領學生思考討論的教學活動。老師可先行就已經準備好的學生平常在學習與生活時所會遇到的喜怒哀樂事件進行

分享，說明事件經過，然後分享個人處在每個事件當下的心情，然後帶領學生進行討論與回饋，讓學生對於情緒與個人的心情及日常生活有一定的理解。

整理情緒語詞，提供鷹架協助

然後將學生在討論時所提及的情緒寫成具體的語詞，整理成為表單，或是透過讓學生發言的方式寫在黑板上，成為學生可以在後續活動中的思考參考素材，發揮鷹架效果幫助學生進行學習。例如：「開心」、「快樂」、「難過」、「悲傷」等等學生已經學過的語詞或是還沒學過的新的生詞都可以羅列在黑板上或學習單中，方便學生閱讀及取材。

舉例分享，引導學生進行討論

老師在語詞進行解釋及說明後，發下「自說自畫」學習單，讓學生想想生活中的某個情緒出現時，會是在哪個情境之中？例如覺得「開心」，是在週末全家人相聚在一起吃大餐時；或是覺得「緊張」，是在兩個月一次統一發票兌獎時，試著讓學生先行寫下，然後與同學討論分享，最後將這樣的情境與情緒畫在老師事先設計好的學習單上，在完成自說自畫學習單的過程中，學生大概有十分鐘左右的時間可以醞釀思考關於這樣情境及

情緒時的畫面及曾經經歷的事件經過，此舉可以讓學生的認知學習進入個人的深層思考與學習，足夠的時間讓學生來好想想關於老師所引導的問題討論，還有自己會如何排解抒發情緒的方式。透過畫圖讓學生「自我對話」，然後自說自話是最大的用意，老師可以因此而知道學生在想什麼。

使用限制式思考及開放式問答的教學策略進行教學活動

除了讓學生可以思考各種處境時個人的情緒可能外，老師可以進行限制式思考及開放式問答的教學活動，例如在黑板上寫下：「假日玩手機遊戲時，讓我感覺到很快樂，因為我可以充分的放鬆，更可以與同學一起出任務一起打怪，一起過關提升等級。」將「假日玩手機遊戲時」及「很快樂」空下，讓學生可以從先前老師講解過的內容及黑板上的參考語詞及情境來進行填答，然後只把因為留下，將「我可以充分的放鬆，更可以與同學一起出任務一起打怪，一起過關提升等級」空出，藉由開放問答的方式，讓孩子寫出自己的想法，此舉有助於幫助學生完整的表述，以單一引導的思考方式來進行完整的回答。

學生討論回饋後老師再進行指導

然後，讓學生兩兩分享自己所寫的內容，或是小組討論，每個人都在組間發表，藉此讓學生討論回饋，說出自己的情緒及想法，這也是讓小朋友可以練習說話及將自己所要表達的意思完整呈現的練習方式。在練習任務完成後，可以讓學生推薦說得很好的同學，讓他們可以將自己的答案講出來給全班同學聽，老師再給予回饋與指導。

▍讓學生上臺發表，相互學習得到更多的學習成就

最後，邀請學生上臺來發表。在反覆的練習之後，學生對於在他人面前講出自己的感受有了初步的經驗，給予學生更大的舞臺及學習挑戰，讓學生有機會學習再次的提升，可以在老師的引導及協助下，安排讓學生上臺分享自己的學習單畫作及說出自己的完整表達內容，既有圖像畫作的分享，又有語言文字的表達，雙管齊下，讓學生的學習活動更多元，學習內容更豐富。老師可以依照時間的多寡來進行調整，盡可能的讓學生多一點上臺練習的機會，互相學習，取法乎上，在緊張的過程中獲得成就，然後期待下一次的上臺表現。

如果還要有延伸學習的話，老師可以設計成回家作

業，讓學生在一週的時間內仔細的記錄自己的生活，用完整的段落文字來將自己的情緒寫下，更用心的觀察生活周遭，也更用心的生活，與自己相處，及與他人互動。

不斷修正教學歷程，讓教學持續創新

表達練習在生活中無所不在，只要有想法就去執行，讓學生擁有好的表達能力，從課堂中切入，結合課程最為適合，創新的教學來自每一次的教學不斷修正，當每一次的教學進行完成之後，針對課堂進行立即修正，在不斷修正的過程中，自然可以找到教學創新的方式，然後朝向讓學生有效學習的目標邁進，這就是創新教學的歷程。

跨域教學，讓學生展現學習力

跨域，是潮流，跨域教學也符合素養教學的精神，將輔導策略與口語表達結合進行課堂教學，幫助學生學會情緒管理，發展良好人際關係，也提升了表達力，老師教學獲得成就，學生也展現學習力，這是老師們可以嘗試的教學方式，值得大家在課堂中嘗試參考應用。

使用Clubhouse社群軟體來學習口語表達

　　2021 辛丑年的年假許多人不得閒，本來應該是好好利用年假休息，但在農曆年前 Clubhouse 這個社群軟體 App 突然紅了起來，一時之間邀請碼成了重要的關鍵字，能夠獲得邀請進入聊天室就變成很潮的一件事。

　　突然間，在臉書及 IG 上大家分享自己的 CH 聊天室截圖，許多人從試玩到中毒，聊天室裡許多的名人，各種主題超有趣，聊不完的話題，從主持人到聽眾，嘗鮮也好，提早卡位獲得早期紅利也好，我們可以看到好多人都陸續加入了這個新帶起風潮的社群媒體。

▌網路無國界，不同國家的人一起聊天

　　許多朋友年假這幾天只要有空一定是到各個聊天室來逛逛，聽聽看大家在聊什麼？真的什麼都聊，什麼都不奇怪，而且跟你一起聊天的人來自全世界，不同的語言，來自不同國家的人，真的有趣。

另外，你可以直接與名人對話，提問也好，回答問題也好，當聽眾也好，也可以自己創一個聊天室，或是開一個房間，這樣的互動方式很特別，透過聲音的直接傳達與他人互動，有別於以往的文字互動，或是影片直播的互動，就好像廣播節目在空中相遇，但不僅止於只能與廣播節目主持人單向的互動，最多可以與五千人一起在網路時空中相會，只要你想插話或是聽到共鳴時想要回答問題都可以舉手提問，尤其是與許多名人一起直接聊天，當下好像彼此很熟似的，真的新奇有趣極了。

Clubhouse 是多元化的網路聊天室

　　之前防疫時，許多線上即時會議系統大家開始嘗試，發言時可以看到彼此，Clubhouse（以下簡稱 CH）也可以有這樣的功能，大家討論同樣的主題，也可以放張頭像讓參與討論的人可以知道你是誰，其中運作的方式是主持人與聽眾互動，主要的發言是主持人，主持人針對主題來進行引言，可以是一個人單獨主持，也可以是多人共同主持，也可以主持人之間的彼此對談，也可以開放讓聽眾舉手發言，當然如果你不想出聲，只想靜靜的潛水聽別人聊天也是可以的。這樣的運作方式有點像是參加研討會，在同一個場合裡，針對一個主要的議

題，會有主持人，引言人，以及聽眾，主持人負責聊天室裡聊天討論的進行，也可以即時的邀請聽眾參與討論或是擔任協同的主持人，聽眾在聽他人的聊天討論的當下也可以舉手發言，經主持人同意即可回答問題或是抒發己見，較之實體的研討會，參與的人可以更多，且沒有空間的限制。

　　如果你想聽聽不同人的觀點，許多的聊天室你都可以進來聽聽看，從聆聽者的角度來聽同樣的主題不同人的想法及觀點。

▌利用 Clubhouse 練習說話及口語表達

　　如果你想嘗試說出自己的觀點，勇敢的舉手發言，可以讓很多人聽到自己的想法。所以，CH是個很好用來練習口語表達的社群軟體，只要你願意，隨時可以加入，勇敢舉手就可以讓自己的聲音與想法讓他人聽到。只是要說些什麼內容，可以仔細的先想想，如果要讓自己的想法只靠聲音讓他們了解，那麼有條理的說話方式則是必須要特別留意的。

　　聲音稍縱即逝，若是沒有受過訓練的人，在短時間內要臨場發揮就某個主題進行回答，難免會有所疏漏，或是重複所講的內容，所以不妨在準備參與回答時，先

仔細聆聽別人所說的內容，然後重點摘要自己所要回答分享的內容，考量說話的時間多少，以條列式的方式寫下自己要講的內容重點關鍵字，然後就所寫的關鍵字來回答問題，或是分享自己的想法，如此一來就能在短時間掌握重點來進行陳述，讓別人可以更清楚的了解自己所要表達的內容。

▌口語表達能力的培養無法速成，滾動修正會愈來愈好

玩 Clubhouse 這個社群軟體也可以學口語表達，這是非常好練習自己的臨場反應與口語表達的方式，一問一答之間激盪自己的想法，聆聽與表達的過程中，釐清自己的觀點與想法，口條自然越來越好，說話的語氣與聲調會滾動式調整修正，口語表達能力自然跟著提升。

語文學習

任務導向的語文學習教學活動

　　「標準答案」框架住了多少學生的學習動機並且也限制住了學生想嘗試投入學習參與各項活動的想法，因為腦海裡一直有著老師期待的是標準答案的念頭，不敢輕易的表達自己的想法，說出自己的答案，也因此在課堂上的學習總是被動居多，如能化被動為主動，則能讓學生的學習向前邁開一大步，而要化被動為主動則必須從改變學習方式開始。

大部分學生不願意主動說出自己的想法

　　以語文科的學習為例，若是讓學生寫出生字語詞，他們能直覺反射的將符合題目的答案寫下，並能透過課本的參照知道自己所寫的答案是否正確，讓他們寫下這樣的答案他們非常樂意，但是如果是讓學生在同學面前分享自己使用語詞造句的內容時，則只有少部分的同學願意主動的分享自己所寫出的句子，據筆者觀察相對於

客觀的答案，學生較不願主動說出自己主觀的想法，這是由於學生害怕自己的答案可能不是標準答案，或是自己所說出的句子可能不被老師所接受認同，因而被動的等待，非不得已不把自己所寫下的造句內容說出，也因如此無法讓老師及同儕立即的給予協助，有錯誤時可以立即改正。

參與學習任務，發展學習技巧

若是將課堂的學習評量包裝成學習任務，讓學生們可以參與討論，則可以在非正式公開的小組分享中暢所欲言，共同完成學習任務，也達到同儕互動討論的目的，讓孩子主動參與學習任務會比追求標準答案來得更重要，從參與活動的過程中可以發展學生主動學習的技巧，累積經驗培養能力，讓未來的學習更好，如能在找尋正確答案的同時又發展學習技巧，則能滿足學生既有的學習習慣，又能符合素養導向的學習期待。

讓孩子能順利完成學習任務的寫作技巧大公開

以下就以語文領域作文的學習為例，分享如何讓學生有效的學習。

就學習概念來說，既然學生已經習慣了找出標準答案，我們可以順應這樣的學習心理來引導學生進行學

習，設計學生願意嘗試且覺得自己可以做得到的教學活動，讓學生來參與學習、主動學習。

先客觀再主觀

主觀的提出想法對很多學生來說，自己想到的回答內容或是答案是否為標準答案，或是老師所認可的答案有待確認，但如果是客觀的答案，例如所看到的顏色，或是不變的真理，例如二加二等於四，這一類客觀的答案學生在回答時就會勇敢的表達己見，因為他們可以相信自己所說的是肯定的答案，因此在引導學生嘗試回答問題時，可以在主要的目標問題之前，先設計一個具有客觀答案的問題，讓學生先獲得成就感，相信自己之後再來嘗試挑戰難題或是自己沒有把握的提問，這些類似主觀答案的問題挑戰，這樣的方式較之直接讓學生進行沒有絕對標準答案的主觀問題的回答，來得更符合學生的學習心理，教師在進行教學活動時可以多加注意。

完成學習任務先於知道標準答案

另外，標準答案一翻兩瞪眼，當老師提問讓全班同學回答，或是針對個別學生提出問題時，當學生秀出答案時，只有答對或是答錯這兩種可能，但是如果我們改用讓學生完成學習任務的方式，我們關注的是學生有沒

有在老師的要求之下完成學習任務，而不是回答的答案是否正確，在這樣的前提之下，學生更願意嘗試學習來完成學習任務，老師也可以在學生投入學習的過程中看到更多學生在學習歷程中的表現，給予協助，或是幫忙搭建鷹架讓學生可以修正改進，然後學會。

因此，老師在設計教學活動時，不妨可以多設計學習任務讓學生獨力完成或是合力完成，過程中可以看到學生互助合作，也可以看到學生討論回饋，可以看到更多學生學習的完整性，而非只是探詢問題的標準答案而已，此舉可以讓學生更願意投入學習，在完成學習任務的同時就會獲得成就感，進而接受更多的學習任務挑戰。

先團體後個人

為了讓每位學生都能在學習過程中獲得成就感，建議老師在設計教學活動時，可以先團體後個人的原則來進行，一來讓學生先心安，有夥伴可以一起討論合作，至少自己不是孤單的，在團隊合作完成學習任務後，再讓學生個別完成自己的學習任務，螺旋式的學習，增加學生的學習經驗，彼此協作互助，然後發展個別的學習概念與技巧，最後我們再來期待學生可以獨立學習，相

信在這樣的學習歷程中，一定可以讓學生更願意投入學習，主動學習。

建立讀寫鷹架

以語文科的寫作來說，要讓學生從無到有來進行造句，或是寫出一篇完整的文章，對某些學生而言，缺乏過去學習經驗，或是缺少獨立完成的能力，單憑一己之力要完成老師給予的學習任務有些困難，此時不妨透過引導的方式來幫助學生建立讀寫鷹架，或許使用圖像引導想像，或是以大量的語詞引導思考，或是給予類似的文章提供學生閱讀，這樣的方式較之單純的回答問題或是寫出文字來得更為具體，讓學生來完成學習任務也更為容易。

善用思考工具

另外，可以指導學生善用思考工具，例如使用心智圖來進行主題聯想，讓思維可以更寬闊，讓想像力可以更豐富，或是使用九宮格思考法引導學生一步一步來思考，釐清思考脈絡，完成思考架構，寫出一篇完整的文章就不再是難事。

舉例來說，以「傳染病預防」為主題，就可以九宮格思考工具來幫助學生思考，將九宮格中間這一主題周

邊格子中的問題加以思考回答，就可以就傳染病這一主題有了初步的想法，且是系統思考，而這樣的想法較之原本的主觀直覺式的思考方式而言，學生較能完整寫出想法，且寫出的文章的架構會比單一直覺的思考方式構思更為全面，在寫作回答之前，善用思考工具，就能讓寫作更為容易，更有把握完成學習任務，讓自己有能力寫出一篇文章，寫作能力提升。

▌靜心思考釐清脈絡

在針對主題書寫時，謀定而後動，一般而言，學生看到題目時，習慣直覺式地下筆開始寫，此舉容易寫作卡關，寫到一半就停下來，不知道如何繼續寫下去，如果可以教導學生靜心思考，看到題目時先靜下心來想一想，善用上述思考工具來構思，審題之後立意，謀定而後動，知道要寫什麼再開始寫，釐清思考寫作脈絡，在寫作時自然能隨心所欲，將心裡所想寫下。

▌勇敢下筆書寫

坐而言不如起而行，想得再多沒有動筆寫下文字，一切都是空談，老師可以藉由教學活動設計，以讓學生完成學習任務的方式，將寫作的素材放入活動之中，讓學生合作學習，進行問題討論，寫下小組的共同答案，

然後再請學生個別的寫下自己的想法，用類似這樣的方式來鼓勵學生勇敢下筆書寫，因為有寫出東西來，老師才有機會給予指導，針對需要訂正的部分加以說明，讓學生藉此修正，在反覆練習的過程中提升語文書寫的能力，認識更多詞語，造出通順句子，最後勇敢的下筆書寫，如此一來我們就可以期待學生可以獨立寫作、愛上寫作。

持續修正反覆省思

教學的歷程就是持續修正的過程，上述任務導向式的語文教學活動提供老師教學參考，老師們可以針對個別班級裡的學生學習表現來進行修正，然後設計出更符合學生學習需求的教學活動，然而，目標是一致的，唯有持續修正，反覆省思，才能期待我們設計出的教學活動及課堂進行的課程內容是學生能夠有所收穫的，是可以幫助學生提升語文學習的，我們期待學生都能因此而受惠。

善用讀報摘要策略教學生增加識字量

　　閱讀素養是目前教育推動的重點之一，考招連動，未來各級考試也會依照這樣的趨勢來調整，增加閱讀素材於考題之中，加深加廣，藉此讓學生的學習藉由閱讀也增廣見聞，重理解甚於記憶，透過讀報摘要，剛好可以培養學生閱讀的能力，掌握新知，也因閱讀的題材不設限而能提高學生識字量。

　　報紙的內容五花八門，不像課本侷限於某一科目或是領域，另外又考量到學生年級及能力的不同，挑選使用的詞彙也會有所不同，受限於課綱的限制及建議字的使用，課本裡出現的詞彙遠遠不及於報紙裡出現的詞彙量，因此若是使用報紙閱讀的策略，則可以補僅僅課本閱讀的不足，讓學生增廣見聞，也多認識新的生字及語詞，有助於未來語文讀寫能力的提升。

讀報，每個人習慣的方式不同，有人習慣逐字讀，有些人則採瀏覽的方式，先看大標題，然後掌握關鍵字，稍加推斷即可知道文章裡所要表達的意涵，在此要來分享透過「讀報關鍵字摘要」的方式，來幫助學生學習新的字詞，也練習從有限的詞語關鍵字推論整篇文章可能呈現的意涵，一來幫助提升學生閱讀理解的能力，二來可以主動建構文章寫作應把握的主要概念，從讀到寫。

九宮格關鍵字摘要練習

越長的文章，摘要的內容則越長，每個人的閱讀詮釋都不相同，但是報紙文章裡所呈現的語詞及句型則都是相同的，所以我們可以透過尋找文章中的語詞關鍵字來進行閱讀，找出重點字詞的練習，依照文章標題來找出相對應的詞語，不同於課本及習作的摘要練習，進行段落大要的書寫，我們透過圖像表格化的練習，更精準的讓學生來完成學習任務，使用關鍵語詞摘要九宮格這個書寫工具來幫助學生完成閱讀及摘要的學習任務。

首先，閱讀書報，選擇一則報導的標題進行摘要，在長長的標題中選定關鍵的語詞，將這個語詞寫在九宮格的正中央，圍繞著九宮格中間的語詞，週圍剛好有八個格子，這些格子就是要用來摘要報導內容所用，只要

從段落文章中閱讀後找出八個關聯語詞寫下即可，相對於段落文章的摘要書寫，寫下八個詞語相對簡單，而且透過九宮格的呈現，可以一目了然，掌握了標題及相關的關鍵字。

然後，依照著中間的標題主要詞語來進行文章大意回想及重述，可以試著說出這則報導的大意，或許還原報導內容，或許就自己的理解來加以描述都可，掌握關鍵字即能說出完整的意思，寫下完整的大意，透過這樣的讀報摘要閱讀理解，有助於學生邏輯思考及寫作重點的掌握。

掌握時勢脈動，學習新的詞語

每天的報紙都是順應著時事，透過讀報摘要除了可以掌握時事脈動及國際情勢之外，更可以透過大量的閱讀增加新的詞語的認識學習，增加學生的識字量。當然，在閱讀的過程中也會遇到許多的新詞生字，這時就可以搭配查找字典的學習，透過紙本字典或是線上字典的查詢快又有效。

閱讀報紙，校正錯別字

閱讀報紙也可以校正自己的錯別字，當刻意練習之

後，不知不覺會發現很多自己經常出現的錯別字，藉由讀報校正錯別字是另一個好處。

▍從讀到寫，語文能力越來越好

當然提升寫作能力也是另一個好處，從報導中學習句型的使用及段落的規劃，或者單純的學習如何總結全文，或是學習如何針對一個議題來下筆行文，這都是閱讀時可以進行的練習。

每天的報紙獲得容易，可以選擇紙本閱讀，當然也可以從網路新聞中來進行取材，若是低年級的學生，則可以選用附有注音符號的國語日報，方便學生閱讀，另外也可以學習拼音及正音。總而言之，讀報好處多多，善用九宮格摘要策略，可以提升學生閱讀能力及寫作技巧，讓學生的語文能力越來越好。

透過課文朗讀教孩子提升語文力

　　學校生活中，不管是國小階段或是國中階段，一定都會遇到語文競賽，辦理的方式都是先校內選拔，獲勝者成為學校參賽代表，再參加區賽、縣市賽，能在眾多高手中脫穎而出者，就能晉級參加全國賽，與各縣市好手同場較勁，這是難得的學習經驗，但卻不是每個學生都能有的學習機會，不過，只要老師有想法，還是可以如法炮製，在課堂中引導學生進行類似的學習，其中國語課的課文唸讀就是可行的教學活動。

透過學習，讓學生說得更好

　　說話，是每個人都應該練習的技能，尤其是在眾人面前練習說話，這是未來的重要能力，有自信地在眾人面前說話，是每一位學生都應該追求的學習目標，老師可以藉由課程設計，讓學生在課堂裡學習如何表達，如何說得更好。

課文朗讀的表現重點

　　唸讀課文是國語課老師們經常進行的教學活動之一，將課文唸完不難，但是如果要將課文唸完又唸得好就需要下功夫，首先必須讓學生知道何謂「把課文唸得好」。語文競賽中的朗讀比賽評分標準有幾個項目，會特別強調參賽者在朗讀時「發音語調」、「節奏流暢」、「音量大小」及「情感表現」等面向的表現來給分，因此，老師也可以在課堂中讓學生清楚知道唸讀課文的標準，必須先充分的了解課文的意涵，懂得語詞及生字的正確唸法，段落及斷句分明，發音咬字要特別留意，另外在朗讀課文時聲音一定要能讓老師及全班同學都聽到，這些都是課堂教學時應該特別注意的地方。

課文唸讀教學活動示例

　　教師在課堂中可以進行的課文唸讀教學活動五花八門，只要老師有想法都可以試著操作看看，在此分享幾個可行的教學進行的方式，示例如下：

1.語詞正確唸法大考驗

　　學生在唸讀課文時經常會有翹舌音混淆的情形出現，例如「ㄓ」、「ㄗ」不分，或是混用，將這些學生

常會唸錯的語詞找出來就是可行的教學活動，因此在進行唸讀課文之前，老師可以讓學生進行課文語詞搜索，將這些學生經常唸錯的語詞都找出來，然後請學生來試著唸唸看，能正確唸對的同學擔任關主，透過兩兩確認的方式來檢核學生是否唸對，藉此來幫助學生正音，將經常唸錯的語詞唸對。

2.不一樣的句子表現競技擂臺

歌曲的詮釋，不同歌手有不一樣的詮釋方式，唸讀課文也是如此，同一個句子不一樣的詮釋方式就能給人不一樣的感覺，所以老師可以帶領學生進行句子的詮釋，先理解句意，還有前後文的文意，融入情感來朗讀，給人的感覺就是不一樣。老師可以從課文中找到幾個涵意深遠的句子，讓學生來主動挑戰，在同學面前詮釋自己的獨特唸法，分別找到該句的美讀王，讓學生可以彼此相互學習，並且體驗朗讀之美。在分別找到每一句的示範唸讀同學之後，可以讓學生進行句子朗讀接力，分工合作一起完成任務，既有個人的學習，還可以有團隊的合作。

3.一分鐘課文唸讀計時賽

新聞主播播報新聞必須字正腔圓，咬字發音要正確，在這樣的前提之下，再來播報，因此課堂中也可以讓學生進行類似新聞主播播報新聞的練習，採計時賽的方式，讓學生同場較勁，看看同學們如何在發音咬字講求正確的前提之下，唸得又快又好。可以兩兩PK，也可以採小組循環淘汰賽，讓學生晉級考驗，最後選出獲勝者。

4.我是課文唸讀高手

　　在進行完上述幾個教學活動的課文唸讀練習之後，必須將學習任務還給學生，透過學習活動來評量學生的學習情況，由老師先來示範唸讀課文，然後請學生評分，由於學生沒有擔任過評審的經驗，所以可以給學生評分的標準，例如「發音正確」佔40%，「唸讀通順」佔40%，「聲音大小」佔30%，讓學生以這樣的評分標準來幫老師的課文唸讀打分數，從評審的觀點來看待唸讀課文這一回事，可以更為精準的準備自己的課文朗讀表現。在同學幫老師打完分數之後，以老師的表現為基準，換學生輪流上臺，由老師及同學來幫上臺唸讀課文的同學打分數，藉此來提升學生課文唸讀正確性及流暢度。

努力練習，讓自己學習達標

　　沒有人是天生就很會唸課文的，但是透過不斷的練習及努力，學生一定可以越唸越好，最重要的是藉此可以校正發音及修正語調，透過朗讀體驗課文之美，從內化的閱讀，到朗讀能力的展現，讓自己的語文學習更好。老師更可以從中發掘潛力新星，具有大將之風的未來國語文競賽選手，讓學生擁有展現自己學習能力的舞臺，讓自己發光發熱，也為學校爭光。

利用聯想思考策略幫助學生練習寫作，以新詩教學為例

　　三年級的國語課，教授的內容題名為「時間是什麼？」文體為詩歌體，呈現的方式是新詩，主要教學的內容是與學生日常生活密切相關的時間，作者透過生活中學生可以了解的生活周遭會遇到的事物來做為比喻，讓學生來瞭解抽象時間的概念，並懂得珍惜時間，認真學習。

▌善用聯想思考策略，幫助學生學習

　　因為是詩歌體，所以我想帶領著學生進行仿寫練習，從課文內容的閱讀入手，欣賞新詩之美，然後進行唸讀及吟唱。另外，這首新詩的每個句子大概都是用同樣的句構來進行書寫，也就是只要教一個句型結構，學生會了，就可以其他的語詞來替代，形成另一個完整的句子，寫作的過程中又有原本的句構作為參考之用，學生要學習的就是思考，還有文意是否通順，這時候善用聯想思考策略可以幫助學生進行學習。

透過心智圖解構課文內容

在帶領學生唸讀完課文新詩內容後，我們透過心智圖的方式帶領學生解構課文內容，進行閱讀理解，讓學生主動地將課本裡關於描述時間是什麼的詞語寫在自己的紙上，完成「時間是什麼」的心智圖，在老師的引導下學生對於課文內容有了一定的認識與了解，然後因為是進行學習任務，讓學生可以仔細的從課本裡尋找相關的語詞完成自己的學習任務，課堂觀察時，我發現學生很認真的進行尋找，並將課本裡的語詞寫下，此舉除了教學生認識課本裡的生詞外，也教學生文章結構。

從生活中進行聯想

然後我們進行全班共同討論心智圖的教學活動，老師鼓勵學生踴躍的發表，說說看自己找到的詞語，在找完課本的詞語後，再鼓勵學生從生活中來進行聯想，時間除了是課本裡作者說的這些事物之外，還可以是什麼？從學生回答的語詞可以得知，孩子是具有相當棒的想像力的，回答的答案五花八門，有電視、雲朵、心跳聲、功課表，還有操場上的小朋友，較之作者在課文裡寫到的時間是蝸牛、斑馬一點也不遜色，創意十足，可見善用引導及聯想，可以幫助學生想得更多，寫作時不怕沒有素材。

讓學生開口說話，練習聯想與表達

老師在黑板上心智圖上呈現了許多詞語，這些有的是課本裡的詞語，有些是生活中可以看到、接觸到的詞語，擴大了學生語文學習的廣度，也充實了學生的語詞庫，然後老師引導學生說說為什麼時間可以這樣比喻，盡可能的讓每位學生都可以試著開口說說看，藉此讓學生練習聯想與表達。

透過討論，引導學生思考

由於黑板上關於時間是什麼的語詞有十幾個之多，所以老師再進一步指導學生進行思考，「如果要刪除其中一個詞語你會想要刪掉哪一個？」並讓學生說出自己刪掉這個詞語的理由是什麼？透過討論的方式老師可以引導學生進行思考，更可以提供後續寫作活動的學習鷹架，最後黑板上僅留下三個語詞，方便讓學生進行仿寫句子之用，由於反覆地讓學生思考，最後留下答案，這是全班同學共同選擇決定後所留下的答案，活動過程中給了學生足夠的時間對於這個詞語反覆唸讀，學生對於留在黑板上的這三個詞語最為熟悉。

句子仿寫練習與分享

最後，讓學生針對這三個詞語來進行句子仿寫，在我們課堂上學生所留下的三個詞語分別是「功課表」、「太陽」及「電視」，看似與時間沒有立即相關的語詞，但是在老師引導下你一言，我一語，老師澄清概念，並且帶著孩子思考，也可以與時間有所關連，再讓學生互相分享彼此所寫下的答案，最後進行新詩仿作的共同創作發表，一共有三組學生用到上述三個詞語同樣句構的句子，讓每位學生試著分享自己的句子，最後大家一起討論，有三位同學寫下的句子共同組合，形成了班上時間是什麼的新詩創作作品。

獨立寫作，完成自己的新詩

當看到學生寫出來的作品時，真的很有成就感，學生們也很開心，然後下一個步驟就是讓每一位學生獨立寫作了，用同樣的方式來獨力完成自己的新詩，只要能夠以同樣的句構來造句，充分的聯想及思考就能完成學習任務，且不再只是學語詞而已，更是在學更高層次的思考及表達與創作。

善用聯想思考策略，寫作不再是難事

孩子的學習潛能無限，課堂上只要多一些課程設計創思，就能讓學生學習有無限的發展，小學三年級的學

生也可以學寫作，善用聯想思考策略，寫出一首新詩不再是難事，課堂上多讓孩子思考，未來的作家就在課堂上的學生你我之間。

運用聯想策略，進行童詩創作引導引導教學（圖1）

運用聯想策略，進行童詩創作引導引導教學（圖2）

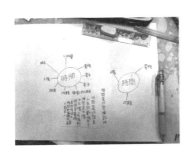

繪製並發表分享時間聯想心智圖（圖1）

繪製並發表分享時間聯想心智圖（圖2）

充滿情意鼓勵的語文課，
以<靜靜的淡水河>為例

　　詩歌體的教學對很多老師而言充滿著挑戰，當然可以照著原本習慣的方式來進行教學，概覽課文，然後進行閱讀理解，教生字語詞，最後讓學生造詞造句並完成習作以完成這一堂課的教學；當然也可以稍有不同，嘗試不一樣的課堂進行方式，來上一堂讓學生有所收穫的語文課。

上一堂新詩教學的抒情語文課

　　剛好有個機會學校的同事邀請我一同備課，並到班上進行一堂國語課的教學，教學的題材是林良先生的作品<靜靜的淡水河>，這課的文體是新詩，描寫著作者眼中不同時間點的淡水河樣貌，以及抒發自己的心情寫照。

　　臺灣因為地形關係，高山多且河流多，北中南各地都有著在地獨有的河流，淡水河是北部的著名河流，以

淡水河為主題的相關文章也有許多，凡是來到過臺北的人，交通路徑一定會跨越過淡水河，在一天的不同時間點來看淡水河，會有不一樣的景色，當然心境也會有所不同。

林良筆下的淡水河富有意境，透過課文的閱讀，在各段內容中可以發現在一日的不同時間點，淡水河呈現出不一樣的顏色，也給人不一樣的感受。從閱讀作者所描摹的淡水河，我們可以思考家鄉附近的河流，是否在不同時間點來觀看會有同樣的色彩，還可以觀照自己的當下的心情。

鼓勵學生用心唸讀課文

課堂上我們從形式探究開始，讓學生朗讀課文順便自主閱讀，課堂中學生積極投入課文的唸讀，只是聲音稍大唸讀的速度稍快，因此在學生唸完課文時，老師找了個同學提問，覺得大家唸讀課文的表現如何，有學生回答「好像太急太快了」，透過提問讓學生說出聽的感受，用以讓學生可以自我調整，知道可以修正的方向，另外我也請另一個同學給剛剛大家的表現打個分數，同學說「80分」，老師鼓勵同學們可以繼續加油，一定會更好的。此時老師

在黑板上為學生的學習表現做了個註解，在黑板上寫下了「積極」兩個字，用以鼓勵學生用心唸讀課文的表現。然後讓學生再一次的朗讀課文，這一次真的表現得比剛剛好多了，老師再找了一位同學來打分數，同學回答「97分」，這樣的立即修正可以讓學生有感，知道唸讀課文的標準，然後朝向這樣的標準來前進。此時老師在黑板上寫下了另一個詞語「努力」來鼓勵學生，因為努力修正，所以表現得比前一次來得更好。

感受美讀課文的美好

然後我請學生們試著模仿班上導師平常上國語課時唸讀課文的語氣再來唸一次課文，學生當下呈現出的聲音大不相同，此時老師又請了一位學生來說說不同之處為何，學生會刻意的模仿老師上課朗讀的聲音，感受不同的課文唸讀方式。此時輪到老師我登場來示範唸讀課文，學生給了我個分數「99分」，問了學生老師唸的與同學們唸的哪裡不同，學生此起彼落的回答著「聲調」、「速度」、「音量」、「感情」、「專注」等，藉以讓學生感受到美讀課文的美好。因為有老師的提問及同學的回饋作為修正的方向，學生第二次在唸讀時表現得比第一次好多了。朗讀課文是國語課堂上經常在進行的教學活

動，稍有巧思運用即可以讓學生有不同的感受。

再次閱讀，發現寫作呈現的形式

在學生以不同方式唸讀了三次課文之後，老師請同學把課本蓋起來，問了同學們「課文中一共出現幾次的淡水河？」由於不經意的唸課文，沒有刻意的尋找，因此學生並無法立即得到答案，老師讓同學們再次的概覽課文後回答，因為有了目的，同學們再次讀課文時特別仔細，原來每一段都出現了兩次的淡水河，且在出現的每一段同樣的位置，藉此方式來讓學生自我發現原來這就是寫作呈現的形式，且可以學習應用這個技巧用在童詩寫作上。

透過閱讀理解進行課文形式探究

另外，也有同學發現作者筆下的淡水河，由於日照晨昏不同的關係，在課文每一段裡都有不同的顏色來呈現出淡水河的樣貌，這樣的視覺摹寫也是詩歌體寫作時經常會應用的技法，透過閱讀理解來讓學生進行課文形式探究，也同時更深入的了解作者寫作的想法及應用的技巧，此舉有助於讓學生練習從課文閱讀中來增長作文的能力。

由於學生用心投入在課文閱讀理解的學習活動之

中，所以老師又在黑板上寫下了兩個語詞「用心」、「投入」，並且立即給予學生增強，鼓勵大家的好表現。

分享閱讀心得，練習表達

在概覽課文及進行閱讀理解後，老師發下了一張九宮格小卡片，並囑咐學生在卡片中間寫下讀完課文後，自己對於作者描寫淡水河所使用的顏色中哪一個顏色印象最深刻，將顏色寫下來，然後在班上尋找與自己答案相同的同學並說說為什麼自己選擇這個顏色，這個教學活動是要讓學生可以試著說出自己的閱讀後的心理感受，與同學分享並練習表達。班級裡學生的答案多元呈現，可見每個人的理解不同，感受自然不同。

彼此交流，互相欣賞，共同完成學習任務

接著就進入思考創造的階段了，我讓學生依憑著課文中的閱讀心得，圍繞著卡片中間所寫下的顏色，聯想相關聯的詞語將圍繞著中間這格的其他四格分別填上自己所想到的詞語，其中有一位學生寫到黃色，周邊的語詞分別為「玉米」、「楓葉」、「香蕉」、「拉麵」，這幾個詞語間看似沒有相關，但從學生的角度來詮釋自然有其說法，這就是個別觀點，沒有對錯，都值得尊重。然後我讓學生們彼此分享自己的答案，並讓學生從

眾多答案中去找尋可以與自己顏色相關的詞語然後寫下，這樣的教學步驟是要讓學生學會彼此交流，互相欣賞，以共同完成學習任務，在課堂裡，老師發現學生很專注的去找同學們彼此分享答案並從眾多不同答案中抉擇四個語詞填入自己的空格中，最後完成自己八個格子的顏色語詞九宮格小卡。

此時老師再次鼓勵學生們的學習表現，在黑板上寫下「互助」、「合作」、「分享」，用以鼓勵學生剛剛投入學習活動的好表現。

教學後段，學生的專注程度依舊，老師回收學生們完成的九宮格小卡以作為下一堂課童詩仿寫的素材，讓學生可以就自己所蒐集到的素材來進行童詩寫作。

情意增強，有助於未來的學習表現

最後，老師引導著同學們觀看黑板上老師所寫下的語詞，「用心」、「投入」、「互助」、「合作」、「分享」，這些都是課堂中學生所呈現出的好表現的詞語，老師請同學們依照自己本堂課的學習表現，從黑板上這些詞語中選出一個最能代表自己的表現的語詞，然

後讓學生試著說說看自己在課堂中的表現以及學習心得感受，並且自我期許未來的學習表現。

從這些語詞中不難發現，都是情意增強的語詞，且都是從學生真實學習表現中歸納得出，讓學生從中做出選擇，就是要讓學生可以持續自我期許以表現更好，此舉有助於課堂常規的維持，一來學生學習態度良好，二來期許自己在語文的學習上可以更上層樓。

這一堂情意增強的語文課老師十分滿意，期待下一堂課的到來，老師可以帶領著學生從閱讀到寫作，一起來感受語文學習的美好。

用歌曲來教學生情感表達及語文學習

就現今社會而言，情感教育是很重要的一環，尤其在個人情感表達方面刻不容緩，不管是人際互動，或是家人親情的聯繫，都是生活中必須學習的，但因為傳統華人不輕易的直接顯露出自己的內心感情世界，因此在個人情感抒發以及與他人的情感互動上，較為彆扭，如能在課堂上給予學生適度的引導，則可以讓學生在情感表達與人際互動上妥適的將內心的情感表露。

情感是抽象概念，不容易教

一般而言，我們較常接觸到與情感相關的語詞有「親情」、「友情」與「愛情」，這都是我們在進行情感教育時經常遇到的主題，但是因為情感是一抽象的概念，也是不容易透過口說解釋就能讓學生了解明白其中意涵，因此透過文本的閱讀與引導，充分的描述以及完整的脈絡，較之單純的名詞解釋，更來得容易讓學生了

解其中的意義。

透過歌曲進行情感教學是不錯的切入點

抒情歌曲總是能夠碰觸到人們富含情感的內心深處，尤其當有感而發或是遭遇個人重要事件時，歌曲的旋律能讓人陶醉並且進入情境，而歌詞的細膩描述能讓人有所共鳴，因此，透過歌曲來進行情感教學應該是個不錯的切入點。

情感是個人的感受，不管是友情、親情還是愛情都可能因為個人的情況不同而有所差異，但大致可以歸納為兩類，「歡樂」與「悲傷」，不管歡樂還是悲傷，都是個人心情的寫照，開心時聽開心的歌，更為愉悅歡樂；悲傷時聽傷心的歌，撕心裂肺的感覺油然而生，歌手的歌聲總能唱到聽眾的心坎裡，因此藉由歌曲來教情感能讓學生感同身受，另外題材廣泛，相關主題的歌曲數量多，要找到合適的歌曲很方便，再加上目前線上串流媒體超方便，簡單的關鍵字輸入，就可以找到歌曲，而且還有很多已經後製完成加上字幕的影片可以直接觀看。

聽歌曲旋律及歌詞內容推測歌曲的風格及說出個人感受

歌曲能夠給予直接的感受與感動，因此抒情歌能夠

打動人心，同理而言，當耳朵聽到樂音時當下的感覺是具有差異化的，但大致是相同的，老師選用歡樂或是悲傷的歌曲讓學生聆聽，然後簡單的判斷是哪一類的歌曲，藉此來引導學生進入歌詞的內容。舉例來說，課堂中我播放蕭煌奇的＜心裡有針＞這首歌來讓學生感受一下，曲風給人的感覺是悲傷還是歡樂的，在聽完歌曲後，學生普遍回答這是一首「悲傷」的抒情歌。

　　在將完整的歌曲聽完後，再次提問這是一首表達「親情」、「友情」還是「愛情」的歌曲？讓學生就其中歌詞的描述來釐清彼此的差異，在聽完歌曲後學生舉手回答「這是一首關於述說愛情的歌曲」，在聽到學生的回答後再次追問是怎麼判斷的呢？學生告知使用刪去法，覺得應該不是講親情，也不是講友情，比較像是在講愛情，因為歌詞裡有聽到「心痛」、「寂寞」等語詞，還有「我乎你真情，但你還我孤單」、「你睏未去的暗冥，電話裡為你唱的歌」以及「幸福親像最後一班咱趕未赴的火車」，雖然這是一首閩南語歌曲，但學生還是能夠從歌曲中找到蛛絲馬跡，推論這就是一首表達感情相關的歌曲，在教學過程中，我發現這樣的帶有評量成分的教學方式學生學習更專注，聆聽歌曲後引導學

生思考，然後進行歌詞意境的閱讀理解，教師可以設計相關教學活動，透過學習任務的指派讓學生主動學習。

▌關鍵字聽寫

在學生聽完歌曲以及老師引導學生回答相關問題後，全班學生都知道＜心裡有針＞這首歌是一首關於愛情的悲傷的情歌，然後我們更深入的探究歌詞中哪些歌詞最讓人覺得悲傷，換句話說，聽到哪些歌詞會覺得悲傷呢？使用九宮格讓學生在三分鐘左右的歌曲播放時間內，完成八個格子的主題關鍵字聽寫，這樣的教學活動有些限制，也有些彈性，每個人可以寫下歌詞中自己主觀認為悲傷的關鍵字，這樣帶有任務的學習活動讓學生可以更明確且更專注的聆聽歌曲，然後將自己的關鍵字九宮格填滿。

在完成九宮格聽寫後，我讓學生彼此分享自己所寫下的答案並且討論交換意見，因為所聽的歌曲是一樣的，所以大部分的學生寫下的答案大同小異，當找到知音時，當所選的關鍵字一樣時，學生彼此間會心一笑，原來大家觀點所見略同，這樣的學習活動，讓學生思考，然後判斷，交流分享，再深一層的理解歌詞意涵，也更能感受悲傷類型的抒情歌能扣人心弦，讓傷心人重

複播放聆聽的原因了。

透過具體的事物來描述抽象的概念，照樣造句來仿寫歌詞

　　在＜心裡有針＞這首歌裡出現了「愛是倔強的情歌」，透過譬喻的寫作方式來呈現愛情這一個抽象的概念，愛情就像是一首倔強的情歌，這是寫詞的人針對歌曲主題來撰寫的歌詞內容，當然每個人對於同樣主題都可以有不同的想法與表述，課堂中我們就以這樣的句構，透過具體的事物來描述抽象的概念讓學生來嘗試照樣造句，讓每個人發揮創意，暢所欲言，有人寫到「愛情像是一陣風」，也有人寫到「愛情是秋天的落葉」更有人從聽過的歌曲中來造句，「愛情像杯酒」，雖然沒喝過酒，但總能推敲其中的意思，用具體的事物來描述抽象的概念，讓學生以歌曲作詞者為師，嘗試創造，班上未來會出現類似歌曲大師方文山的作詞者我們指日可待。

學習情感表達與抒發，也增進語文能力

　　情感教學不容易，透過歌曲來進行就方便多了，除了教學素材容易取得之外，這樣的教學方式符合學生的學習心理，學生喜歡流行歌曲，課餘時間喜歡上串流社群媒體 YouTube 或 TikTok 聽歌，藉由這樣的歌曲教學，

讓學生除了學會正確的情緒抒發，學得正確的人際互動與交友，更懂得未來如何表達自己的感情，更重要的是，可以在語文學習方面有所精進，歌曲中的歌詞內容五花八門，從閱讀歌詞聆聽歌曲，來學習修辭與寫作一舉兩得，這是好用的教學策略，推薦老師們在課堂中可以來試著操作類似的教學活動，讓學生學習情感表達與抒發，也增進自己的語文能力。

寫作鷹架的建立,從一堂學生的衝突解決與情緒管理課堂談起

學習情緒管理,發展好的人際關係

剛好有個機會幫五年級學生們上一堂情緒管理課,小五的學生活潑好動,日常生活中與同學往來互動上勇於表現,但在情緒控管上還是稍嫌不足,遇到與同學間有摩擦時,口角難免,輕則彼此互嗆,重則關係破裂,確實需要好好的引導,教學生們衝突解決及情緒管理的有效方法,讓學生在生活中學習與人互動,發展良好的人際關係。

教情緒管理也教寫作思考

素養導向的教學強調的是在生活中學習,學生彼此間的衝突事件是生活中無可厚非、不可避免的事情,如果可以問題解決導向的教學活動來進行引導,則可以教

導孩子遇到事情時正確處理，在引導學生多方思考時，必須全面觀照，才能找到較為適切的解決方式。

寫作教學也重視教學生構思，剛好可以藉由這一堂課，從不同面向提問，讓學生思考生活中的真實情境所發生的事情，還有在生活周遭自己與同學曾發生過的摩擦衝突事件是怎麼發生的，自己的解決策略為何？事後反思，有沒有更好的解決方式？如果自己是當事人會有怎樣的感受？能否同理他人？透過問題引導幫助學生思考，既可以學習如何與人相處，也可以學習寫作時的構思，以此切入剛好就是一堂素養導向生活情境問題解決的作文課。

教學活動進行步驟

一、真實情境場景模擬

課堂中老師詢問學生最近在學校裡有沒有發生過與同學衝突的事件，如果有是什麼情況下發生衝突的，或是發生了什麼事？在老師詢問後，有幾位學生舉手並說明了自己與同學發生衝突的事情狀態與事情經過，其中有一位學生分享了自己在幾天前下課時因為一件小事與同學吵了起來，彼此互相嗆聲，聲音大到教室裡的同學

都聽到了。

在聽完同學們的分享後，老師進行統整歸納，生活中同學們的摩擦難以避免，很多時候都是因為一些小事情而發生不必要的爭端，其實這些事情是可以減少發生的，只要懂得一些策略，只要凡事多想一想，就能讓這些爭端與摩擦減少，而且也可以促進同學間的情誼，發展自己良好的人際關係。

二、選角試鏡與角色扮演

在讓學生分享生活中與同學間的衝突事件後，老師以「下課時同學因為不小心弄倒水壺而互相嗆聲」作為腳本，開始進行選角試鏡與角色扮演教學。其中有兩位主要的角色，以及旁觀的同學們。在說明完場景及角色個性與角色口氣後，開始選角與試鏡，這樣的上課方式學生喜歡，因為選角與試鏡是全新的體驗，看著同學們試鏡的表現，教室裡的歡笑聲不斷，幾輪下來可以從中發現有些學生的演技及口語表現真的很不錯，也從中讓學生感受當吵架與衝突時，自己的說話語氣與態度是怎麼一回事。

三、臨場體驗重構情境

在選角完畢，就讓學生進行臨場體驗，重構情境將

當時衝突事情所發生的過程演出來，此舉讓學生將生活中真實出現的場景重新出現在教室裡，讓每個人都能臨場體驗，感受一下衝突事件當下的氛圍。並且讓同學們輪流當劇情中的角色，每個人都能真實感受一下劇場演出的感覺，並且體驗與人衝突時說話的口氣與態度的呈現。

四、公開分享觀後心得

在幾次的實際演出後，無論擔任的是主角還是旁邊的配角，每個人都有實際參與的感受，有助於後續課堂的問題引導。然後老師引導學生倆倆分享剛剛演戲時自己的表現還有同學們的演出，讓每個人暢所欲言。有的學生提到衝突發生時彼此會吵架，且會說出難聽的話。還有人分享到，被人罵的感覺真的很不好。透過分享彼此的想法以及觀看演出後的心得，有助於同學聚焦如何減少衝突，以及解決衝突可行的方式。另外，讓學生分享心得，可以讓學生練習組織說話的內容及在眾人面前進行說話。

五、幫助學生建立寫作鷹架

老師引導學生進行問題與討論之後，讓學生們試著寫下減少衝突的可行方式，例如：「遇到事情平心靜氣的想一想」、「說話可以不要那麼衝」。每一個人想出二至三

個可行策略，再與同學分享彼此寫下的可行方式，聽聽看別人怎麼說，也學習更多可以減少衝突的方式，藉此反思自己遇到類似與別人起衝突的事情時會怎麼因應，此舉可以讓學生靜下心來就先前的活動及自己的想法進行整合省思，並提出自己的觀點、看法。此次的教學活動最後是要教學生寫下一篇「如何與他人友善相處」這個主題相關的文章，透過問題討論與觀點分享的方式可以幫助學生建立寫作鷹架，有助於後續作文書寫的進行。

六、選擇可行的解決策略並討論

在每個學生寫下二至三個遇到衝突事件時可行的解決策略後，讓同學提出自己覺得不錯的方式，並說明原因，幫助學生進行概念澄清，以及說明這個方式可以使用的時機及好處，如此一來，可以擴大學生的思考範圍，彼此交流可以讓想法更多元，讓觀念更為正確。

七、分享自己的觀點與解決策略

最後，在同學們都分享完彼此的想法及充分討論後，由老師分享自己的觀點，及可行的解決策略。由於老師的思慮較為縝密，因此可以給學生較為適切的解決策略，另外，老師也可以提及過往自己的親身經驗，作

為學生參考的借鏡，更可以就以前自己經歷過或是協助處理過的學生衝突事件的解決策略來提供給學生可以嘗試改變自己想法的依循原則。這都是可以幫助學生在遇到衝突事件或是進行情緒管理時，可以思考的觀點，並提出可行的解決之道。

八、進行口說作文的練習

在讓學生練習寫作前可以先試著讓學生完整的進行主題口說作文的練習，讓學生嘗試完整的表述，從主題的重要性，自己的親身經歷，到遇到事情時的可行策略，以及如何與人互動，如何進行情緒管理等，都是可以進行口說表述的思考脈絡，試著讓每個人可以進行類似即席主題短講的口說作文，可以先彼此聆聽彼此的想法，也可以藉由聆聽他人的想法，補足自己不夠周延的思慮，最後完整的說出來，說出來之後，就可以進一步進行個人的作文書寫練習了。

九、嘗試寫作

透過教學活動中的問題討論與心得分享，筆者整理了關於情緒管理與衝突解決的因應可行策略，並濃縮成簡要的句子，一共有八句，分別為：

（1）生活摩擦多少有　（2）發生狀況靜下心
（3）設身處地為人想　（4）減少衝突關係佳
（5）話一出口難收回　（6）轉念思考會更好
（7）同理包容勤練習　（8）友善互動好人緣

　　在教導學生進行寫作時，可以讓學生參考老師給予的上述重點摘要的句子作為寫作鷹架，來進行思考與作文書寫，這都是寫作時可以取材的方向，也是思考脈絡發展的指引，可以讓學生從八個重點摘要句子中選擇四個條目來進行書寫，在選擇句子時，學生即在進行判斷與思考，與自己的生活經驗連結，並透過後設認知來進行判別，適切的選擇與自己要寫作時的主題有所關聯，然後依照所選句子進行排列，次序地寫出完整的文章來。

　　這樣的教學方式，在於一個共同討論的前提之下，大家照這樣的思考脈絡來書寫，寫出來的文章大方向類似，但也會有自己的想法鋪陳，透過寫作鷹架的支持，可以更有自信的寫出一篇完整的文章來，且這篇文章邏輯合理，主題明確，只要句構與語意都通順，就是一篇可以表達心意的文章，這樣的教學方法明確有條理，學生寫作時從思考到下筆，都有參考的脈絡可循，會更篤

定且更勇敢的寫出一篇文章來。

十、譜寫一曲「友善校園人際互動之歌」

在進行完這一堂情緒管理與衝突解決的課堂後，因為充分的討論並進行分享，老師有足夠的時間進行整理與摘要，就順勢而為，寫了一首友善人際互動之歌，剛好可以做為整堂課的完結，也可以是學生日後延伸學習參考的教材，更可以透過歌曲的教唱，讓學習延續，且落實在生活之中。

〈友善人際互動之歌〉 作詞：王勝忠

生活摩擦多少有

狀況發生靜下心

設身處地為人想

減少衝突關係佳

話一出口難收回

轉念思考會更好

同理包容勤練習

友善互動沒煩惱（人緣好）

有效思考，學習會更好

　　思考與寫作是讓學習更有效率的工具，老師可以在課堂上加以融入應用來教學生，不管是問題解決或是寫作表達，都可以讓學習更有效率，本次課堂，從生活中切入，教學生衝突解決與情緒管理，搭配上有效的思考，及靜下心來的寫作，讓學生多想一想，靜心省思，與他人互動良好，且學習得更好，期盼學生們可以將生活所學應用在生活中，讓自己成為生活中更好的學習者。

透過拼音教學讓學生認識各國不同的語言

　　最近教師朋友們在討論關於ㄅㄆㄇㄈ是否廢除，或是教國語文時除了使用注音符號，可否透過不同的方式來教學，順應時事議題，我也來分享一下我在教學現場的個人課堂教學活動如何進行。

　　先撇開意識形態，也不談政治議題，單純談教學。

▌不一樣的拼音教學

　　本學期有擔任本土語言的授課，必須教授音標，如果單純為了介紹音標的符號及發音，整堂課下來學生只能強記而興趣缺缺，因此我採用不一樣的方式來進行課堂教學活動。我想提高學生的學習動機，讓學生先有興趣，然後給予挑戰，最後試著使用已經學過的音標來進行拼音，藉此檢視學生是否學會，且會應用。

課堂上我問學生「謝謝」你們誰可以說出最多種國家的語言謝謝怎麼說呢？

　　謝謝是日常生活中很常出現的語詞，也算是口語會話用語的前十名，如果可以從這樣簡單實用的詞語來介紹各國語言並且結合拼音一定很有趣，因此就形成了這一堂有趣的語言課。

　　一開始學生躍躍欲試舉手發言，說出自己會說謝謝的各種語言，當然包括國語、閩南語及客家語，當學生願意主動舉手回答問題，我當然要趁勝追擊，追問學生，除了國語你可以使用注音符號之外，其他兩種語言怎麼呈現謝謝呢？學生你一言我一語，天馬行空說出自己的想法，最後我引導出，我們可以使用所學的音標來為三種語言的謝謝標下謝謝的拼音符號，好讓我們可以看到音標符號將三種語言唸出來。

　　在帶領學生寫下音標且唸出三種在臺灣常見的語言謝謝怎麼說後，我繼續提問，班上有父母是新住民的小朋友，那妳們知道爸媽國家的謝謝怎麼說嗎？

這時候學生們突然感到十分新奇，焦點放到了這些小朋友身上，但是小朋友不太有把握說出正確的讀音，這時候由老師說出該國謝謝的說法，然後再問學生老師唸得對嗎？我看了看學生，學生點頭稱是並且露出會心一笑，因為爸媽在家一定說過自己國家語言的謝謝，學生也一定聽過爸媽的語言謝謝怎麼說。老師藉此讓學生多學一種語言，擴大學生的國際觀與語言學習的興趣。

透過拼音學習多國語言

就這樣，從一種語言慢慢的引導學生多種語言同樣語詞怎麼說，然後透過拼音的音標符號記錄下來寫在黑板上，當我寫下國語，閩南語，客家語，越南語，印尼語後，有學生主動的發問。

學生：老師，請問韓國的謝謝怎麼說？

在學生提問的同時，另一邊的學生脫口而出，老師我知道日語的謝謝怎麼說，日語的謝謝叫做：ありがとう。

老師說：你們真的很棒還會說日語的謝謝，是不是看電視學的呢？還是在哪聽到的呢？

老師跟你們說，我在看韓國的電影與神同行時有聽到韓語的謝謝怎麼說，韓語的謝謝叫做：고마워。

學生們聽到老師說到韓語，還追加回答。

學生：老師，我知道韓國的哥哥叫做오빠。

老師：那妳可以透過我們課堂上所學的拼音試著寫下來嗎？
你可以參考我們課本的符號表喔！

學生：老師我知道我知道，韓國的泡菜叫做김치。

另一學生：老師，泡菜的英語也是類似的發音喔!!

老師：對啊!! 你們真的很棒喔!! 已經發現了，很多語言之間其實是有些類似的。就連泡菜，你們也會用英語跟韓語說了，真的很厲害。

我發現學生們對於我所提的問題有興趣，開始你一

言我一語的發言，還問我其他的問題。

學生：老師，那我問你，原住民的謝謝怎麼說，你會嗎？

幸好老師平常有看電視的政見發表會，現場主持人都會用多種語言來說謝謝，我也趁機學了起來，另外我也曾到過原鄉教學，這時候過去所學剛好可以派上用場。

原住民的「謝謝」應該就是 mali mali ma sa lu，我也特別請班上的原住民小朋友幫我回家問問爸媽，老師說的是否正確，因為在臺灣原住民族有多族，各族的語言也不太一樣，請學生回家詢問爸媽不失是個好方法。

最後學生還跟我說在英語課堂上也學過謝謝怎麼說

老師：太棒了，你們又多學會一種語言謝謝的說法了。

這時平常較少發言的學生也主動的講話了。

學生：老師，我有聽過 Terima kasih 你知道是哪一國語言的謝謝嗎？

這時候我看到問我問題的學生臉上泛起一絲的自信。

老師：讓我猜看看，這應該是東南亞某一個國家語言的謝謝，對不對？

學生：是啊！這是我媽媽的母語的謝謝。

我接著問：請問你媽媽是哪一國的人呢？

學生：我媽媽來自印尼。

我說：這麼巧，老師也到過印尼參加國際研討會喔！在印尼時我就向當地的人學過謝謝怎麼說，所以我很熟悉你剛剛說的。

然後，我也請所有學生跟我一起唸印尼語的謝謝，大家都覺得很有趣。

最後，當然學生還會繼續追問，老師你還知道哪些國家的謝謝怎麼說呢？

身為老師的我絞盡腦汁，把所有我會的謝謝都跟學生說，當然也包括法語的謝謝。

▋融入生活，語言學習更實用有趣

課堂到了尾聲，大家意猶未盡，把世界各國的謝謝複習了一次，也練習了音標及拼音，我看到幾位學生很認真的將黑板上老師所寫的各國謝謝都抄錄到課本上，藉此印證了學生想要學習且願意主動學習。

透過這樣的引導與教學，我發現學生對於課堂內容更感興趣，且對於實用的符號及拼音更有學習動機，開口說，多聽，然後試著記下音標，嘗試從課堂的語言課切入，開啟學生的視野，也藉此與世界連結，認識在地，接軌國際。

這樣學英語背單字的方式學生超喜歡

今天又到了補救教學上課的時段，一進教室準備上課，一位男同學主動開口問了我：老師，可以請你唸這幾個英語單字給我聽嗎？我下週要單字小考。

我說：好啊！你要認真聽，且要跟著老師唸一次喔！

後來我問了問其他的小朋友，對於背英語單字有無困難。

我說：小朋友們，你們覺得背單字難不難？

小朋友們：難！太難了！

我說：那你們都是怎麼背單字的？

小朋友a：就一直背 一直背啊！

我說：那有辦法全部背起來嗎？

小朋友們說：沒有辦法，背了就忘。

我說：還有其他的方法嗎？

小朋友說：就在考試前一直背一直背，讓自己的記憶可以在考試時發揮出來。

我說：那考試後呢？還記得這些單字嗎？

小朋友們：還要再背過。

我說：那你們要不要試看看不同的方式來背單字，看看能否比較容易把單字背起來？

小朋友們：好啊！反正也沒有其他方法了。

▌連結聲音，搭配字母拼讀來背單字

於是，我告訴小朋友們背單字必須要透過聲音連結，從 phonics 字母拼讀開始，透過音韻覺識，讓學生自然的將每個字母所應對的發音連結，雖然英語字母拼讀規則也有例外，但是可以先從可以掌握的規則發音切入，待熟悉之後再來釐清例外的發音字母掌握規則，藉此透過聲音連結讓單字的記憶不再只是死記，而是可以更有線索可以依循。

所以，我帶著學生拿著筆，邊唸讀單字，以音節的概念稍微在唸出該單字時出現音節間的短暫間隙，並讓學生在該單字下將兩個音節以上的不同音節畫上底線，並再次的帶唸該單字，這時候學生有了老師的單字發音示範，也

有了課本上單字畫上底線的音節區分，比較能夠掌握單字的背誦記憶，而不需要一口氣將比較長的單字進行強記。

掌握音節概念來背單字

另外，我們一起拍手，邊唸讀單字，一個音節的單字就拍一下，兩個音節的單字就拍兩下，藉此讓學生更能掌握單字的音節概念，並試著把單字背起來。

如果學生是屬於聽覺型的學生這樣的學習方式應該就可以掌握背單字的要領，只要回家再稍作複習，一定可以把單字背起來。

但是，如果不是聽覺型的學習者該怎麼幫助他們學習呢？

分段練習更有效

這時候可以透過操作學習的策略幫助學生學習。

在帶著學生唸讀單字及進行音節操作活動後，立即進行檢測，七個單字採取分段練習，先考驗學生能否背出三個單字，五個學生分別上臺聽寫出正確的單字，我發現其中兩位學生可以正確寫出三個單字，可是另外三位學生大概只能完成七成至八成。

這時候，我透過 Alphabet Dominoes 這套英文字母輔具讓學生進行操作，檢測學生是否能在聲音的帶領之下完成單字的拼讀並寫下單字。

動手也動口，拼出單字來

這是讓學生在桌上尋找自己的目標單字所需的字母，搭配著課本，自己尋找自己所需要的單字字母，五位同學一起進行學習活動，既競爭也合作，最後看誰可以拼出最多課本裡出現的生字。

在讓學生進行操作練習的同時，老師使用手機將課本裡的生字以字母拼讀的方式先行錄下詳細的唸法及拼讀方式，然後在主動操作尋找字母拼出單字的同時可以耳朵聽到正確的唸法，以防學生只是一味的死記而沒有與發音連結。

實際演練確認背單字成效

最後，我看到學生在參與操作學習時，一手拿著課本專注的對照課本裡的目標單字，一邊專注的在桌上尋找自己所需要的字母。幾回合下來，學生很快的拼出三個單字，在彼此互相檢證的過程中，學生也知道自己漏掉哪一個字母，而立即補滿，有操作有聲音進入，也有

正確的唸出該單字。

　　這樣的學習方式是在原本既有的方式上再加上一些策略，就是要讓學生可以有效學習。

小一英語這樣教，學生學習真有效！

說真的，上小一學生的英語課真快樂！！

教小一的學生其實就好像教幼稚園大班的小朋友一樣，孩子天真活潑又可愛，但活潑可愛拋到一邊，在班級經營及課堂常規的管理上，跟教國小高年級學生大不相同。

具體操作，邊說明邊示範

教中高年級的學生時，通常只要講一次，學生就可以知道老師我所要傳達的意思，頂多再幫幾位學生再次補充說明即可，但是教小一的學生則必須要多講幾次，或是得要具體操作，示範給學生看，邊說明邊示範，這樣學生才可以理解老師的意思，不同年級的學生教學方式還是會有差異，教學者必須依據學生的年齡差異及學習基礎來調整教學內容及上課的方式。

嘗試教不同年級的學生可以讓老師在教學上有更大的發揮與成長，教小一學生，讓我訓練與以往不同的講述說話方式，有別於教中高年級學生，這是很棒的經驗，我發現在教小一學生時，不用急著上課本裡的內容，反倒是要先建立彼此間良好的默契與友好關係，會讓課上起來更順手，學生更能迅速地跟著老師學習喔！畢竟，有良好的班級經營，才會有順暢的課堂教學。

▌設想有趣的互動方式，讓學生參與其中

　　今天這一堂是小一的英語課，我教小一學生最簡單入門的 ABC 字母大小寫的書寫方式及字母的發音，雖然這對大部分學英語的人來說是很簡單的內容，但是要讓所有學生都能清楚理解，並達到老師所設定的教學目標其實並不容易，因為學生有些早已參加補習班超前學習或是在幼兒園裡已經有接觸過相關的英語字母繪本內容；另有少部分學生是從未接觸過英語學習的，因此就算是簡單如字母 ABC，對他們而言，也是全新的學習體驗，所以我得把簡單的內容，用更有系統的方式來讓學生學習，且要設想有趣的互動方式，讓學生參與其中，才不會讓已經學過或是學會的學生覺得興趣缺缺。

在與小一學生互動學習的課堂進行中，我們邊玩、邊上課，讓孩子動機提高，放下不安，透過唸謠的方式來進行複習，竟也驚奇地創造出一首唸謠來，透過孩子喜歡的唸謠反覆的唸唱，旋律帶動開口發音以熟悉字母的認讀，符合學生以往在幼兒園熟悉的學習方式，孩子很快都能跟上，且幾乎全部的孩子都能參與這樣的學習活動。

多元的教學方式，多樣化的教學活動

這堂課我的上課方式小孩很喜歡，課堂進行間，眼神專注的盯著老師，跟著老師進行學習，且能完成任務，專注力高，或許是因為多元的課堂教學方式與多樣化的教學活動，讓專注時間不長的小一孩子可以在幾個活動間持續的轉換，不斷的讓自己保持高度專注進行學習，參與我的課堂在一旁觀課的老師下課時給我回饋，問我過去是否都是教低年級的學生，我回答之前都是教中高年級學生，觀課老師接著說，「可是我看你跟小朋友上課時，他們很能理解你說的話ㄟ」，我說：「可能之前我常常到幼兒園幫小朋友講故事、做活動，跟小朋友互動吧！」

聽了到我課堂上觀課的老師的回饋，我真的很開

心，且小一的小朋友真的超可愛的，雖然每一堂小一的課上完後，我背後的衣服都濕透了，就好像使出洪荒之力般，但是小朋友上課時天真的臉龐跟專注的表情，讓我每次上課都充滿了期待。

▎當學習充滿期待，學習有機會大大成功

老師對於上課充滿期待，想必小朋友一定也對每週一次的英語課充滿期待吧！當學習充滿期待，則學習有機會大大成功，動機為有效學習的基礎，在學生剛開始進入不同學習階段的學習時，特別是陌生的學科，不妨先了解學生的學習基礎及學生間的學習差異，然後採取更為多元的上課方式，幫助學生學習，就如同我教小一的課堂經驗，每一次的教學挑戰都是讓我教學能力更為提升的養分，且老師用心的備課，對學生而言都是收穫。

PPAP歌曲在英語字母教學上的應用

有一學期我負責教授小一英語課，當時每次上課我都非常愉快，小朋友也對於每週一次的英語課相當期待，只因每次上課都有令小朋友意想不到的有趣教學活動。

透過律動及歌謠韻文來教學

當時流行的洗腦神曲 PPAP 幾乎每一位小朋友都會唱，且朗朗上口，透過律動及歌謠韻文來進行教學及評量再好不過了，所以我們進行了創意有趣的教學活動。

配對活動，找出正確的答案

首先，老師簡單準備字卡及圖卡，並且讓小朋友利用課本附件的字母小卡，或是自製字母圖卡皆可，就可以讓學生跟著老師進行操作配對的活動了。

至於怎麼進行活動呢？可以設計的活動很多種，在

此簡單示範兩個教學活動，第一，讓學生跟著老師的口令，自己從桌上的卡片堆裡找出正確的答案。

這是屬於師生互動的活動，可以藉此精熟學生對於字母的大小寫及所代表的單字的字形及字音。

老師可以先取２６個字母中的１０個字母進行複習，包括大小寫字母則共有２０張字母卡片，全部展開，放在桌上剛好可以全部放得下。

再來老師可以先簡單檢視學生可否跟得上老師的節奏，老師隨意閃示一張卡，讓學生試著拿在手上，也可以再次的複習教過的字母，然後就可以開始進行教學活動了。

一邊唱歌，一邊找出目標字母卡

透過歌曲的方式來進行字母練習，因為學生對於旋律很熟，所以再把教過的字母編寫進歌曲裡，學生不但可以跟著唱，還可以一邊動手將目標字母卡找出來拿在手上。

改編後的歌詞內容如下：

I have an "A" .

I have an "a" .

Oh！"apple".

I have a "B".

I have a "b".

Oh！"bear".

I have a "C".

I have a "c".

　類似上述的歌詞，可以依照教學目標，將大小寫字母編寫進來，或是將字母名跟字母音來進行配對，也可以將課本裡字母的代表單字放上來，讓學生透過歌曲的練唱將卡片找出以精熟所學的內容。

　以上是師生互動的教學活動。

▍兩人一組，猜拳拿取卡片

　再來，介紹學生與學生進行配對遊戲的教學活動。

　當師生互動的教學活動進行到學生差不多都熟悉後則可以進行下一個活動，讓學生與不同夥伴進行比賽。

　這時候可以兩個人使用一套字母卡片來進行遊戲，同樣將字母大小寫小卡片或是可以配對的字卡及圖卡

放在桌上，兩人一組，先猜拳，贏的人負責從桌面上取卡，輸的人負責出題讓贏的人拿取桌面上的卡片。如此一來，可以考驗學生彼此之間默契，也可以讓學生藉由認真聽然後開口說來完成任務以獲得卡片，每一次拿取卡片後再次的猜拳決定下一輪拿取卡片的人，反覆的唱歌出題，直到桌上的卡片都被拿完為止，拿到最多卡片者即為獲勝者。

歌曲融入字母拼讀學習，讓學生主動參與學習

這樣在課堂上實際進行的教學活動，教學目標很簡單，就是讓學生可以精熟我所教過的字母，可以認字，可以聽音，更可以主動參與學習。

檢視教學時教室裡的學生表現，確實有達到我所設定的目標，這個教學活動也適合親子一同進行喔！分享給大家。

自我效能與班級經營管理

高效能人士的「七個好習慣」

美國學校根據《The 7 Habits of Happy Kids》和《The 7 Habits of Highly Effective Teens》這兩本書的內容，給學生們畫了一個叫 7 個習慣樹 / The 7 Habits Tree 的海報，作為孩子們品德教育的參照綱領。

由史蒂芬・柯維博士提出的這「七個好習慣」也可以作為班級經營的好的參照方針，用以引導學生持之以恆養成好的習慣，長而久之，這些好習慣就會轉換為好的能力。

在此，就由我來為大家稍微的說明一下這七個好習慣的主要內容吧！

1. Be proactive 積極主動

做任何事情如果可以積極主動，學習一定可以有好的開始。

2. Begin with the end in mind 以終為始

再者，必須要設定目標，然後擬定策略，思考如何達標。

3. Put first things first 要事第一

事情只會越來越多，時間只會越來越少，如何有效利用時間變成要務，此時就得要分清楚何事為要事，要事第一，才能在有限時間內，先完成主要任務。

4.Think win-win 雙贏思維

任何事情都有利害兩面，在這與人互動的社會上，如果可以多思考一些，多為人著想則可以讓事情進展更為順利，如果可以養成雙贏思維的好習慣，與人為善，未來則可以贏得更多好人緣，眼前看似吃虧，但其實獲得更多。若能全面觀照，創造雙贏局面則會更好。

5.Seek first to understand, then to be understood 知彼解己

每個人都希望被人了解，但是在讓別人了解之前，我們更要能夠設身處地為人著想，感同身受，這不容易，但是相當的重要。做任何事情時，理解先於行動，善用同理、換位思考則能掌握更多訊息，讓事情更順利進行。

6.Synergize 統合綜效

　　協力合作，可以發揮團結合作的更大力量，共好可以創造更大的價值。如能有效創造團隊合作的力量，則可以比單打獨鬥來得更有效益，未來是與他人合作的時代，融入團隊，發揮團隊合作的功效顯得相當重要。

7.Sharpen the saw 不斷更新

　　日新又新，沒有最好，只有更好，不管做任何事情都要持之以恆，也要不斷更新，縝密思考後，有系統有規劃的去做，然後進行檢核與反思，滾動式的修正可以讓我們繼續前進，發現不足之處，就是進步的開始。

　　以上七個好習慣，是高效能人士經常提醒自己要刻意練習，且要不斷更新，用在生活中的各個場域皆適用。

　　用在教育現場，除了可以培養好品格之外，也可以養成孩子未來的關鍵能力，在推動素養導向的教學時，這七個好習慣也可以是達標重要的關鍵，更可以這七個好習慣作為培養孩子成為未來領袖的思考羅盤，當心裡持續想著這七個重要的關鍵思考方向，則可以走向充滿希望的未來。

「七個好習慣」在班級經營與創新教學上的應用

　　史蒂芬・柯維（Stephen R. Covey）的著作《與成功有約》提出七個好習慣，高階經理決定未來，是商管及企業經營管理上高階經理人經常使用的方法，用於班級經營及創新教學同樣可行，以下分享在教學現場的應用。

　　在此以「知彼解己」、「要事第一」為例，分享教學活動。

知彼解己

　　活動一：自我介紹。設計自己的名片，十年之後我想從事什麼職業。在時限之內向其他同學自我介紹，並請同學在名片紙卡上簽名。

　　輪流向全班介紹一位自己聽到覺得最特別的人，說出：「我們班有一個很特別的同學…」。

　　活動二：向同學自我介紹，說出：「我很特別…」。並

請同學在名片紙卡上簽名。

要事第一

活動三：運用九宮格思考法，和其他同學分享自己的要事。在九宮格的中間寫上自己現階段必須做的要事，分別在中間的上右下左格依照重要性順序，寫下次重要待完成的事情，標出 1234。和同學分享完後請同學在名片紙卡上簽名。

	1	
4	要事第一	2
	3	

活動四：運用九宮格思考法，和其他同學分享有關課堂學習的要事。在九宮格的中間寫上自己的要事，分別在中間的上右下左格依照有關課堂學習事項重要性順序，寫下次重要的內容，標出 1234。和同組同學分享自己的看法，聆聽其他組員分享時，在其他四格 5678 內，填入組員和自己不同的看法。

8	1	5
4	要事第一	2
7	3	6

　　將全組組員的九宮格貼在海報上，並將大家的想法集思廣益畫出來。

　　第一次分享：推派一位組員到下一組分享。

　　第二次分享：同一位組員再到下一組分享，這次必須互動，聽者須詢問講者有關課堂學習的問題。

　　第三次分享：由講者選一位聽者，把海報交給他，請他到下一組分享。

　　透過這樣活動進行的方式，教師可提供學生與他人良好互動的學習機會。108課綱核心理念為自發、互動及共好，教師可以透過「自發、互動、共好」的基本理念，培育學生具有「自主行動」、「溝通互動」、「社會與」核心素養，使其成為「主動積極的學習者」。

　　利用九宮格設定優先順序訂定計畫，寫下待辦事項檢核表，再逐一檢核是否完成，可以教學生學習把時間花在最重要的事情上，有效管理時間。

知彼解己

知道別人，瞭解自己，可以減少衝突，增加信賴，在班級生活中可讓學生學習換位思考，多些諒解與包容則可讓同學之間人際關係更融洽，班級氛圍更好。

老師必須知道學生心裡所想才能更瞭解學生，輔導管教更得心應手。

分享學生所寫的好老師要件如下：

1. 理性地說話。
2. 常常辦活動。
3. 理性地聽學生說話。
4. 尊重學生。
5. 重視承諾。
6. 不要常常規定。
7. 經常鼓勵學生。
8. 班上有電腦可以讓學生使用。
9. 嚴格（師嚴道尊）。
10. 要教育小朋友做人處事的道理。
11. 負責任。
12. 不放任學生。
13. 公平對待每一位學生。

14. 不會讓學生罵不好的話。

15. 不會讓學生欺負別人。

16. 要美、要帥、要大方、要搞笑、要寫字好看。

17. 不能不知情就罵人。

18. 自己訂的規矩不能犯（以身作則）。

19. 鐘響下一秒沒進教室就要抄課文是不可以的。

20. 準時下課。

21. 學生犯錯要給機會改過。

22. 不可沒事罵人，不可體罰。

23. 能接受學生的建議。

24. 要懂流行的元素。

25. 要會唱歌。

老師可以給予學生正向鼓勵並支持學生，且要練習稱讚學生。

正向管教新典範取向班級經營有二準則：

1. 為自己負責

2. 為他人服務

以正向管教方式讓學生勇於嘗試挑戰，並為他人服務。

 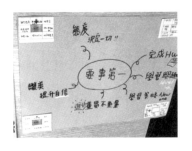

運用七個好習慣中的「要
事第一」來討論如何有效
學習海報圖 1

運用七個好習慣中的「要
事第一」來討論如何有效
學習海報圖 2

　　將七個好習慣運用在學習上，可以培養學生的能
力，進而使學生提升學習成就，獲得成就感。

班級經營的利器，讓學生超級期待的顧客導向獎勵制度

增強作用是行為改變技術裡廣為人知的一環，也是許多老師及家長經常使用的方式，用來鼓勵學生或孩子可以表現得更好，藉此來提高學習動機，肯定表現及行為，主動積極的將事情做好。

針對良好表現給予鼓勵

代幣制度的使用簡單容易，可以針對孩子的行為表現立即給予獎勵，除了口頭的讚美肯定，讓孩子獲得情意層面的滿足，獲得代幣這樣的實質收穫更為具體，且增強程度更高，隨著代幣或是獎勵的具體物愈來越多，孩子會因此更肯定自己的表現，也會有更高的成就感。

削弱與增強都是行為改變技術中重要的概念，改變學生行為可以正向鼓勵及負向的處罰，如能善用則可引導學生表現更好，教育鼓勵其正向發展，藉由獎勵制度

的實行，能與孩子約法三章，削弱不好的行為表現及態度，更可以增強日常生活中的好表現及正確的態度。

▎獎勵制度鼓勵孩子正向積極的表現

集點兌獎是獎勵制度使用方法中容易操作的方式，坊間許多店家或是網購通路經常使用此一方式來促進客戶消費或是藉此來回饋給老客戶優惠，也是增加品牌認同及消費黏著的行銷策略，因此我們經常能夠聽到「集點還是 7-11 最好」這一類的廣宣口號，隨著點數的增加心裡會有莫名的成就感，另外為了兌換心裡所想要的物品時，所要達成物品兌換目標點數就會在心裡悄然成形，且將這件事情掛記在心，當心中常想這件事，則會集中焦點，努力集點，向著目標前進，若將獎勵制度放到班級經營或是學生輔導來使用，道理相通，概念相同，也是可以收到鼓勵孩子正向積極，表現更好的效果。

「送禮要能送到對方的心坎裡」，如果在送禮時能多以對方的喜好來著想，選擇適合對方的禮物，或是思考對方可能喜歡的物品是什麼，如此一來賓主盡歡皆大歡喜，將此觀念放到獎勵制度的增強物挑選上也是相同，了解孩子所想要及需要的物品是什麼，然後將這些

物品成為獎勵制度的增強物，讓孩子更想要參與集點，達成目標，藉此可以鼓勵學生表現得更好，學習更積極。

探詢孩子喜好，結合流行元素，購買獎勵物品

從生活中的觀察可以得知一二，每個階段都有不同的流行元素，不同年紀的孩子喜好也會有所不同，若能以透過類似市場調查的方式，先來探詢孩子喜歡的事物是什麼，或是最近在同儕間討論的話題是什麼，來得知目前流行的元素為何，也可以觀察孩子在學習時學用品的經常性需求是什麼，做為獎勵制度購置物品的參考，如此一來才能設計出以顧客導向的獎勵制度物品兌換，讓參與度更高，藉此發揮更高的效益。以目前來說，國小中低年級的孩子喜歡角落小夥伴週邊相關的物品，而較大年紀的中年級及國中生喜歡鬼滅之刃這款動漫相關的物品；另外自動鉛筆、橡皮擦、筆記本、資料夾，這些都是學習上經常使用得到且幾乎是所有孩子都會需要的學用品，若能將這些物品納為購置清單中，採買相關物品用以作為獎勵兌換之用，一定可以讓孩子更有動機，更積極來參與獎勵制度。

顧客導向獎勵制度，幫助學生學習更好

獎勵制度使用得當可以收一定功效，讓孩子可以學

習更好，以顧客導向的兌換獎品設置可以讓獎勵制度與學生行為表現相得益彰，多花一點心思，在管教輔導孩子時可以換位思考，多為孩子想一想，從心出發，藉由獎勵制度的規劃與討論，創造更多的師生、親子話題，導引孩子學習表現得更好。

理財教育從小扎根，讓孩子一生受益

開學了，學生們陸續回到學校開始新學期的課程，第一堂課與學生相見歡，問了問過年期間有什麼難忘的事情呢？許多學生熱烈的回應「收到好多的紅包！」，學生們分享自己收到的紅包總額的數字聲音此起彼落，每個都興高彩烈，比起平常只有零用錢的收入，頓時覺得自己好像很富有，紛紛露出愉快的笑容。

與孩子談理財的觀念，可以一生受益

我繼續問了問學生，會怎麼運用這些壓歲錢呢？「買玩具」、「買手機」、「存起來」、「歸為國有了」、「上繳公庫了」、「繳學費」，各種答案不一而足，有的孩子可以做自己壓歲錢的主人，有的孩子只是過路財神，短暫地擁有一筆為數不少的金錢，但卻沒能作主怎麼運用，讓我想與學生們談談理財的觀念與重要性，因為，與孩子們談理財的觀念，可以讓孩子一生受益。

教導孩子妥善管理自己的金錢

「賺一塊錢不是一塊錢；存一塊錢才是一塊錢。」這是我曾聽過的一句至理名言，雖不是什麼大道理，卻隱含深厚的意義，如果空有大筆錢財而不知儲蓄與有效的管理運用，則很快就會花光，一元不剩，有計畫的理財，才是王道，積少成多，時間一久，自然能夠累積成為一桶金；相反地，收入頗豐，但是不知節制，時間一久，阮囊羞澀，由此可知賺多賺少不是重點，能儲蓄理財反而才更重要。

因此，有必要教導孩子妥善管理自己的金錢，了解金錢流向。如何存到自己的第一桶金，達成自己購物或是短期儲蓄目標，可以從「開源節流」入手，開源的部分，孩子的收入只有零用錢及過年的壓歲錢，儲蓄最為簡單；節流的部分可以減少不必要的開支，透過「記帳」則可以了解自己錢的流向，也是節流最簡易的方法，用則當用，能省則省，養成好習慣，未來上班工作後有固定收入時，自然能夠繼續記帳的好習慣，讓自己成為金錢的主人。

信用的重要

除了教學生們記帳了解自己的金錢流向，避免成為「月光族」之外，我也順便配合時事議題解說「卡債族」是怎麼形成的，並說明「信用」的重要，講解信用卡的使用，如果妥善使用，信用卡會為自己帶來方便，尤其是因應未來無人商店的商業模式，信用卡十分方便，但是如果使用不當，信用卡刷爆後卡債纏身，利息則會像滾雪球一般，壓得自己喘不過氣來，更會讓自己的個人信用評等下降，未來要辦理各式貸款，例如出國留學，購買汽機車，或是買一棟房子為自己圓夢都會因此而受到影響，不可不慎。

行有餘力則助人，一起做公益

分享給孩子正確的金錢觀及理財概念的同時，也要教孩子們「行有餘力則助人」，「施比受更有福」，課本內容剛好講到一起做公益，向陳樹菊阿嬤學習，配合課本內容，教學生也可以藉由自己的力量來為大眾付出，一起來做公益，除了將日常零用錢省下，捐贈給社福團體之外，其實也可以養成好習慣，蒐集整理發票，再寄給相關機構；捐發票做愛心也是簡單的方式，存好心，做好事，推己及人，讓社會可以更好。

數字會說話

積少成多，積沙成塔，這樣的概念大家都知道，但是多少人能夠奉行不悖，當我講給學生聽時，他們直覺反應好像在說八股的道理，因此我透過實際的數字算給學生看，如果將今年的壓歲錢存下，放在銀行或是郵局，再加上平時減少的含糖飲料消費所積累下的錢併入戶頭，過了幾年再來看，錢存下來了，雖不是一筆多大的數字，但與當時相比，也是為數不少，可以靈活運用。

複利的概念，發揮滾雪球的效應

　　在我講到將錢存起來時，有學生提到「可以放銀行生利息」，我相當開心可以藉此來分享「複利」的概念，複利可以發揮滾雪球的效應，越滾越大，透過數字的實際計算，讓學生產生數感，然後建議學生不妨與爸媽溝通，值此之時到金融機構開戶，擁有自己的戶頭，學習管理自己的壓歲錢及零用錢，也學習存款利息的計算。

　　此時，我秀出銀行的利率表，教學生看懂銀行的利率表，並說明存款與借款的利率差別，還有說明定存及活存的利息差別之處及原理原則，理財必須針對自己的實際需求來進行選擇，然後懂得各種理財的方式，靈活運用之外，也能善用各種金融工具，這些教學內容都與生活息息

相關，金錢是我們的生活中的一部份，購買物品及生活所需都會用到，每個人都想財富自由，擁有屬於自己的財富，因此學生們聽得津津有味，興趣盎然。

▌成為聰明的消費者，做金錢的主人

理財教育刻不容緩，教學生正確的金錢觀，妥善的使用自己的金錢相當重要，理財是要讓自己生活無虞，應付緊急狀況可以從容不迫，因此「預算制」的消費管理與有目的「計畫存款」顯得相當重要，教孩子以終為始，設定目標，然後開源節流，終能達標，成為聰明的消費者，更能成為自己金錢的主人。

職場初體驗：讓學生練習填寫履歷表、模擬求職面試

　　六年級學生即將畢業，給予學生祝福與期許之餘，還可以為學生做點什麼呢？這是許多六年級畢業班導師心中的想法，讓學生在畢業之際創造共同回憶，這的確是畢業前夕可以好好思考的一件事情，若能與未來接軌，將學生畢業系列活動融入課堂教學之中，那一定是很有意義且讓學生難忘的教學活動。

　　記得過去擔任六年級畢業班導師時，學校會舉辦讓學生在校宿營的活動，為的就是讓學生可以體驗團體生活，照料自己的三餐，通過各項考驗，培養獨立自主的能力，讓學生提早體驗未來的生活，這樣的教學活動是學生所期待的，也是後來畢業學生回味再三的一個教學活動。

　　就筆者的觀察，許多學校在規劃畢業生畢業系列

活動創意十足，其中有老師辦理讓學生規劃「謝師禮讚」，除了幫師長規劃謝師宴，也粉墨登場，由同學們來登臺表演，一來作為學習成果的展現，二來可以感謝師恩，準備餐點及大廚上菜，這都是團體合作學習的表現，可以藉此驗收學生六年來的學習成果，也可以讓學生不凡的表現有個舞臺可以展現；通常都會有靜態的學習藝文展，及動態的歌舞才藝表演，這樣的方式多元且創新，符合新課綱的教育趨勢，透過活動來展現學習成效，符合學生的期望，也可以看到學生多元能力的展現，規劃及執行良好的話，能獲得滿堂彩，當然也會成為同學們的共同難忘回憶。

除了以往曾經做過的體驗學習之外，在畢業前夕我們也可讓學生來嘗試不一樣的學習活動，模擬求職面試，與未來接軌，提前考量如何建構自己未來的競爭力，在填寫個人履歷表時，必須就幾個必要欄位來進行回答，讓學生及早知道未來職場需要的人才必須具備哪些條件，不同類型的職場要求的資格為何？以終為始，確立目標，提前準備，讓未來國中、高中及大學的學習生涯過程中，可以扎實準備，未來投入職場時，可以無縫接軌，找到心儀的工作；另外，也可以從各種職業的人力要求中，探索不同的

職場工作奧秘，在未來升學及就業選擇時可以更有把握，符合個人興趣及職涯的規劃。

職場導師的經驗分享與叮嚀

便利商店是學生目前最常接觸的行業，是生活中不可或缺的場所，我們經常可以看到許多學生到便利商店打工，因此我們特別邀請便利商店的店長到校來擔任學生的職場導師，就本身如何從打工的店員慢慢歷練，後來受聘成為負責一店營運的店長，本身必須有哪些認知，必須特別注意那些能力的培養，態度決定高度，在打工的過程中如何以良好的態度來因應職場的變化與考驗，這都是經驗傳承的難得機會。過去高中職及五專有建教合作的機制，就是要讓學生有職場體驗的機會，現在學生已經有便利商店購物與各種服務的經驗，少的是經營管理者的思維及職務歷練，邀請便利商店店長來擔任職場導師剛好補足學生缺乏的便利商店職場體驗部分。

同時，未來如果學生有想到便利商店打工的想法，也可以藉此來提問、解除心中的疑問，藉由雙向對談可以釐清自己心中的職場打工迷思，職場達人到場全副武裝高標準的穿著登場，這是職人精神的展現，更讓學生有真實感受，因此，便利商店店長以過來人的身分給予

學生叮嚀，比老師課堂中的苦口婆心叨叨念念更容易被學生接受，更聽得進心裡面。

做事要勤，多聽多問少抱怨

勤勞是做事情的根本，不管是未來投入職場或是學生時期打工都應如此，準備上工，將份內的每一份工作都做好是員工本應做好的基本要務，依循著員工守則及工作日誌上的例行事務來完成工作，做好盤點工作及交接事宜，帳目交接不可馬虎，服務客人應對進退要得宜，以禮待人可以讓客人有好的印象，這都是在便利商店打工必須要特別留意的重點，也是想要到便利商店打工的學生必須有的體認；另外，職場難免會聽到同事的抱怨與客人的投訴，此時不妨多聽、多請教，不會的地方就多請教前輩，抱怨難免，如果可以正向思考則會更好，職場工作會更海闊天空。

填寫履歷表，及早為未來做好準備

藉由職場導師到校來為學生進行分享與叮嚀，學生可以知道職場的甘與苦，若是想嘗試打工體驗，以及為未來及早做好準備，則需要先將自己的履歷表準備好。因此，可以讓學生討論履歷表上會出現的欄位，例如個人的基本資料、居住地址及通訊方式。

另外，曾經有過的工作經歷，及語言能力，以及是否有機車或汽車駕照，這都是學生可以事先討論確認的基本項目，很多職缺在乎的是員工的語文能力，這時學生就可以事先知道語文的重要性，在未來的學習歷程中持續的精進自己的語文能力，如同大學申請入學一般，充實自己的學習歷程，打造自己的漂亮履歷，讓求職無往不利。

自傳或是自我介紹的準備也是一大重點，有些面試官在進行求職面試時會要求自我介紹，有些履歷表上會有自我介紹或是自傳的欄目，因此學生必須先行準備，必要時才能從容應付，還有，若是以筆書寫求職履歷表，則要注意字跡工整，注意所有欄位是否都填答了，這些小細節不可馬虎，魔鬼就藏在細節裡，細節處不馬虎，自然會受到主考官的青睞。

職場初體驗，不一樣的學習經驗

對於未曾進入職場或是打工的學生來說，職場體驗是新鮮的，也是充滿挑戰的，既期待又怕受傷害就是最佳寫照，期待的是可以賺得工讀費，分擔家計，或是購買自己想要的物品；怕受傷害的是在職場會經歷哪些考

驗、哪些責難，這都是無法事先預知的，但不管如何，凡事豫則立，先行做好準備即是王道。

　　透過職場導師的分享與叮嚀，還有履歷表的撰寫，模擬求職面試的應對進退，對於即將畢業的學生來說，這是一場難得的職場初體驗，更是難忘的學習經驗。

素養導向教學與備課

共學共備，分享教學的美好

在一次分組合作學習及創意教具製作教師研習分享會上，我們以工作坊的方式，設計課程帶領老師們進行學習，然後再將研習課堂中所學及所體驗的教學活動帶回老師自己的教學課堂上應用，讓學生可以用分組合作學習的方式來進行學習。

共學共備，研發產出

這樣的方式有點類似共備共學，由我先行設計課程，做教學前段的準備，然後課堂上讓老師們進行分組討論及後續的教學活動的研發及實作，最後產出個人的作品以及小組的作品。

活動過程中，有個人的靜默式思考學習，也有兩人一組的活動學習，更有小組討論共同完成任務的學習，從靜態的聆聽到思考，再過渡到活動參與學習，然後進入到真實的評量，最後進行夥伴分享，透過語言的表達

進行另一層次的組織學習。

共同激盪思考，創造無限學習可能

　　這堂分享的課程，我既是分享教學者，也是教學觀察者，我觀察老師們學習的情形，我也到各組間當聆聽的學習者。

　　運用這種共學共備的方式，我們進行教學活動的演示與分享，讓老師轉換身份，讓教學者也可以是學習者，然後在參與活動學習的過程中自己建構及思考在自己的課堂上可行的教學活動，讓我的教學經驗及設計的活動，成為老師們發展自己的課堂創意教學活動的基礎及鷹架，共同激盪思考，讓學生有更多學習的機會，且創造更多讓學生有機會學會的可能。

體驗式的參與學習，收穫更多

　　共學共備是教學現場目前很夯的議題，而分組合作學習是學生可以有效學習的策略之一，今天我把這兩者結合，讓老師們以體驗式的參與學習來進行自我成長，過程中我看到老師們相當的投入，且非常願意與夥伴們分享，由衷覺得這樣的教學分享真的非常有意義，謝謝參與研習的老師們讓我享受了這樣精彩的一堂課。

教師共同備課合作產出教學活動海報

教師共同備課合作產出課程主題設計概念圖

素養我來教，備課可以這樣做

繪本融入生活議題教學，以動物保護及環境保護為例。

素養導向教學備課舉例說明

素養導向教學講求的是學生能將所學應用在生活之中，用以適應現在的生活以及迎接未來的挑戰，並且教給學生問題解決的能力，因此如果可以從生活中來找到問題，然後教孩子解決問題，那麼這樣的教學活動就可以是符合素養導向教學精神的教學活動。

從生活中取材來備課最直接且實際，且容易取材，很多議題都可以是我們可以關注的焦點，以生活中的環境保護及動物保護而言，在新聞中或是社群討論裡都是大家熟悉的議題，另外，垃圾分類及資源回收已經是現代公民必須要有的基本知能，所以我們可以將這樣的主

題融入學科教學，當然也可以單獨以這樣主題來進行課程設計。

關注生活，學習問題解決

從文本到人生，是備課有效的切入方式，在此要來舉一本繪本《亂糟糟的小屋》來說明繪本容易上手，藉閱讀來切入，教學生關注環保議題也學會解決生活問題的策略與方式。

《亂糟糟的小屋》這本繪本的主角是大家在童話故事當中熟悉的動物主角小豬，故事內容是關於小豬的一家所發生的事情，這本繪本故事裡出現很多的動物，藉動物所發生的事情來投注到人的問題當中，讓讀者在看繪本故事時就可以反應到自己的日常生活。

這繪本的故事大意是說豬小妹一家人的日常生活，爸爸媽媽喜歡購物，時常買東西，但很多東西並不是必須品，這與目前網購流行下大家購物的情形類似，因為衝動購物而買了許多看似需要但卻不必要的東西，造成浪費及空間的堆積，另外這些物品都是有包裝的，在拆下包裝紙及膠帶之後，這些包裝紙及膠帶就成為了垃圾，買得越多

所製造的垃圾就越多，如果沒有妥善處理就會造成房屋室內空間的髒亂。另外，因為不懂得物品收納及空間整理，東西一多再加上不會整理收納，就會造成物品囤積日漸增多，到後來就成為亂糟糟的一間屋子了。

有一天突然刮來一陣風將屋裡的髒亂物品全都吹走了，媽媽笑說這是春季大掃除，使屋子變得乾淨了，但這些垃圾卻造成其他動物的困擾，不同的環境汙染物使得不同的動物有著個別的煩惱與不悅，而後豬小妹想了個辦法，將這些垃圾廢物再利用，製作成不同的作品，辦了個物品再製作品展覽市集，也讓這些遭受到損害的動物們回復往日的愉快時光，因為巧思使得物品得以再利用，另外為了讓家裡的空間可以使用得更有規劃，在整理房間的同時也規劃了各類可回收垃圾的分類回收區，藉此來讓家裡的成員可以做好垃圾分類。

這本故事繪本可以教學生先從自己的生活環境著手打掃整理，不亂買東西之外，也要學習整理收納物品，讓生活的空間規劃良好。此外，己所不欲勿施於人，除了將自己生活管理好之外，也要學生愛護動物以及環境保護。

教學生物品收納

收納正當紅，在繪本閱讀完後，試著讓學生學習整理自己的鉛筆盒及書包，將不同的夾層分門別類做不同功能的利用，另外嘗試使用整理袋來收納一些小物，有效管理自己的物品，在同學們整理完後互相分享自己的整理原則以及收納物品的心得。延伸學習活動可以讓學生假日幫忙回家整理客廳或是收拾自己的房間及整理書桌。

這樣的學習活動剛好是在生活中學習解決問題，並且培養未來的關鍵能力。

教學生學習垃圾分類

垃圾分類資源回收，可以讓可回收垃圾變成再生資源，有效利用資源且可以保護環境愛護地球。藉由書本裡的內容模仿學習，在教室裡設計類似的資源回收區，然後請學生製作海報及標語進行張貼，然後落實資源回收工作，藉此來驗收學生日常生活中的環境保護行動。

教學生成為生活達人

回收紙張再利用，分組討論發想舊報紙可以做什麼用途？進行創意提案並動手做，以生活應用為範疇，製

作模型並向全班同學提案，最後全班票選最有創意及最實用的提案，作為班級這一學期共同創作的案例。

從閱讀到思考，然後行動

　　素養導向的教學活動備課其實不難，在日常生活中取材，從繪本故事書來切入，從閱讀到思考，從討論到實作，讓學生對於生活有所感覺，然後實際行動，培養學生問題思考及問題解決的能力，自然就能期待學生可以做好自我管理及愛護生活周遭環境，做一位具有公民素養的學生。

生活中就地取材的備課：二十四節氣可以這樣教

食在地，吃當季

食在地，吃當季，這是近來的流行語，依著季節來飲食，可以吃到當季最佳的食材，更可以品嚐在地的好滋味，隨著春夏秋冬歲月更迭，不同時令，總有好味道飄香在我你身邊，就像大家早已習慣清明吃潤餅，冬至吃湯圓，其中「清明」與「冬至」這兩個時節傳統習俗民眾會祭拜祖先，市場的攤販因應民眾採買所需總是提早準備，從商業的角度來考量消費者的需求，不同季節推出不同的商品，走一趟市場就可以感受到時令的變化，觀察攤販販賣的產品就可以得知現今的季節，這是市場經濟學，這就是庶民的生活，也是我們熟悉的日常。

二十四節氣與生活學習

生活中大小事都可以是我們學習的素材，這與素養

導向教學的理念相符，學習不是為了應付考試，而應該是可以適應生活，創造便民的環境，為大眾服務，然而生活中很多經常出現在你我周遭的事物，我們卻沒有察覺，每天一再出現，但我們的記憶卻模糊不清，例如與季節相關的「二十四節氣」就是我們似懂非懂的生活知識，我們每天隨著時間的流逝，經歷四季變化，二十四節氣就是我們一年一年會遭遇的例行日常，但大部分的人卻只知其中部分，而無法得知全部。

過去農業社會，農事與天氣息息相關，何時播種，何時耕耘，必須參考農民曆裡的節氣變化，農民曆就是歷來天氣變化的大數據整合，是先民的智慧結晶，也是農民耕種的參考書，而後雖轉型為工商業社會，但大部分人每天使用的日曆或是手帳上的行事曆也都會註記各月份的節氣，二十四節氣分屬在十二個月，每年歷經一次，是我們生活的一部分，但卻鮮少有人會特別留意到底二十四節氣的具體內容是什麼？節氣的認識、了解與學習應等同於十二星座、十二生肖等，都是我們生活中的日常，雖不像星座及生肖那樣與個人息息相關，但卻也真實存在我們的生活當中，因此若能將這樣的元素作為我們日常備課的題材，則可讓學生深入瞭解我們的生活，且可以橫向連結語

文、數學、社會、生活及自然科學等學科的學習，值得老師以此主題來進行生活中的備課。

透過記憶及理解來認識二十四節氣

大腦記憶對於有系統、整理過的知識才能從短期記憶進入長期記憶，況且二十四個節氣都是兩個字的詞語，彼此之間關係不大，且沒有邏輯脈絡可循，如果要能有效記憶，則需要轉化及整理，找出脈絡，才能將這二十四個節氣記起來，如果要讓這些知識進入大腦長期記憶區，則要精熟且不斷的複習。

一下子要記二十四個語詞實屬不易，透過詩詞來幫助記憶是可行的方式，網路上查找相關資料，有人將二十四節氣入詩，方便學習，也讓人更容易記憶：

春雨驚春清穀天
夏滿芒夏暑相連
秋處露秋寒霜降
冬雪雪冬小大寒

這首詩裡可以發現二十四節氣在其中，分別為立

春、雨水、驚蟄、立春、清明、穀雨，立夏、小滿、芒種、夏至、小暑、大暑，立秋、處暑、白露、秋分、寒露、霜降，立冬、小雪、大雪、冬至、小寒、大寒，經過轉化，將二十四個節氣以四季來分，這屬於分段練習，然後可以嘗試理解字面的意思，再自己詮釋，就可以用自己的邏輯脈絡來把這些節氣記起來。

▍節氣與天氣相關

　　春夏秋冬為四季，每個季節共有六個節氣，每個節氣都有其特別的意義，大致與天氣相關，其中春分及秋分當天，因為地球自轉及繞行太陽的關係，當天白晝與黑夜的時間大致相同，所以「春分秋分，日夜對分」這樣的俗語就產生了，另外夏至是白晝最長，黑夜最短，冬至黑夜最長，白晝最短，透過與地球科學連結，可以擴大生活知識，更可以了解生活中的氣象，更融入生活，且可以成為生活中的氣象達人。

▍設計二十四節氣教具來進行教學

　　透過圖像整理，將二十四個節氣均分在圓的四等分，從春到冬，順時間排序，可以得知一年之間，時序的變化，四等份中，以顏色區分，透過圖像輔助，可以快速辨別各節氣歸屬的季節，更可以將這節氣輪盤轉化

為桌遊道具，讓學生擲骰子、爬格子，看誰最快到達目標節氣即為獲勝者，或是設計成為二十四節氣標靶，讓學生抽牌看文意解釋，投擲飛鏢找到正確的答案。透過遊戲的方式可以反覆練習，集中精神提高學習專注力，可以使用多重感官來進行學習，如此一來寓教於樂，在遊戲中學習，熟悉二十四節氣。

素養學習即是在生活中學習

生活中的備課沒有規定一定要怎麼進行，只要能讓學生想學習，可以達到教學目標，就是好的教學設計，透過不同的方式來學習，則學生可以反覆的練習直到精熟，我們可以看到學生學習態度的轉化，從被動到主動，另外可以與家人分享學習的內容與樂趣，因為這是每個人都應有所了解的生活知識，與每個人的生活息息相關，在生活中學習，這即是素養的學習，在生活中備課，這即是素養導向教學的備課。

生活中的重要素養教學：國家防災日教學生建立一生受用的防災概念

　　921 地震發生至今已有 20 年之久，震後除了災區重建之外，更重要的是建立起全民防災的概念，政府單位將每年 9 月 21 日訂為國家防災日，在這一天的上午 9 點 21 分時會發佈地震警報，傳送防災訊息，全國進入演練的狀態，此舉是要讓國人對於防災提高警覺，確保生命安全，另外在學校裡也會進行防震演練，透過任務編組，嚴陣以待，注重每個細節，教導學生正確的概念及進行逃生的演練，將日常生活的重要防災素養教給學生，就是要讓孩子提升防災概念。

「緊急避難日」防災宣導

　　這次的防災演練如同以往，學校配合著全國的 921 地震演習，在發佈警報響鈴後所有師生在教室裡趴下、掩護、穩住，然後聽從指揮到學校操場進行疏散及各項

後續的流程，當全校孩子疏散到操場完成人數清點動作後，消防員出身，具有消防專業的雅婷老師著消防專業的衣帽鞋，全副武裝地對孩子們進行防災概念宣導，及「緊急避難包」準備的居家日常防災基本常識應用。

　　一開始，學生們因為雅婷老師身上全副武裝的消防員裝備，對她投注好奇的目光，並且充滿了好奇，雅婷老師也使出渾身解數，以最燦爛的笑容，將消防專業與教學經驗作結合，為學生示範各項裝備及精心準備的課程，期能以趣味方式引起學生的學習動機，達到宣導的目的。

　　本次的防災宣導特別安排「緊急避難包」的準備教學，課程內容如同網紅拍開箱影片一樣精采，在教學過程中，雅婷老師也隨時檢核孩子們對於教學的內容及介紹的物品是否有迷思概念。大部分學生都知道當災難來時，為了生存，我們會有基本的需要才能維生，然後引導學生想想出國時要準備行李，會以出國時的需要考量，來準備物品；準備居家的緊急避難包道理也是相同，如水、糧食都是緊急避難包裡所應準備的必需品，但幾乎所有的學生都沒想到，有嬰孩的家庭也會需要奶

粉、尿布諸如此類的日常必需品。

日常做好準備，緊急時可以派上用場

　　另外，為了方便後續的聯繫及逃生，還有賴各項物品的使用，例如對外聯繫，保暖等物品，學生們看到老師從所準備的逃難包中一樣一樣拿出來介紹的物品相當感興趣，他們對於三合一手搖式手電筒、收音機、高音哨、鋁箔毯感到好奇，另外對於準備了洋芋片產生疑惑，其中有位學生還說逃生不是遠足戶外教學，怎麼也要準備零食呢？老師解說洋芋片也可以成為緊急需要時的火種等知識，第一次聽到的學生似乎感到新奇，但也因此而打開了孩子的視野，增加了知識。最後，老師分享了 921 地震時，孫氏兄弟撐過「黃金 72 小時」的經驗，說明為何他們能捱過這關鍵的 72 小時，提醒大家日常做好準備，緊急災難來臨時則可以配上用場，讓自己及家人免於危難，讓孩子知道緊急避難包的重要性。

　　在防災演習當天宣導結束後，我們也立即完成緊急避難包的宣導海報，將校園一處的佈告欄佈置成「防災角」，透過可愛的圖案及標語，讓孩子及家長在經過櫥窗時能了解緊急避難包的內容物、使用時機、放置位置

等，藉此再一次的強化學生應有的防災概念及重要性。

讓學生當小小防災專家

在經過這樣的宣導後，我們想知道學生是否能將所學知識轉化成實際行動應用在生活中。過了一個星期，我們將設計好的一份學習單放置於「防災角」供學生索取，供學生自主學習，並且搭配學校的獎勵制度，鼓勵孩子寫學習單，看孩子是否了解緊急避難包內容物有哪些。另外，我們也想知道孩子回家後是否與家長一同討論，準備自己家中專屬的緊急避難包。透過學習單的書寫，我們可以了解孩子準備的緊急避難包實物內容，然後在接下來的課堂活動中，或是學校的學生朝會時，可以讓學生分享發表自己所準備的緊急避難包裡面裝了哪些東西，甚至由孩子當「小小防災專家」，透過話劇或創意宣導方式向同儕分享自己為何準備這些緊急避難包的內容物，及這些物品可以發揮什麼效用，活用所學知識，讓自己受惠，也造福人群。

讓防災教育成為日常，深植於孩子心中

防災教育非一年一次煙花式的絢麗綻放宣導，而是應該透過各種方式將防災觀念內化深植於孩子心中，讓孩子不只在學校裡能注意安全，更要隨時隨地關注自

己的安全，透過學校各個防災宣導小專家將這些實用觀念分享給家長，使人人不管在家中、工作場所、乘車、搭電梯遇到地震時，都能因有事前的預防與妥善因應準備，將傷害減至最低。

體驗式的學習是素養教學重要的一環，老師們在準備防災教學時也可以採用這樣的方式，讓學生在生活中學習，然後將學校所學應用在生活之中，成為主動學習者，相信孩子一定可以更適應生活中的各種學生任務，通過未來的各種挑戰，將不再是難事。

美好春光，校園野餐教學活動與備課

　　古時，農民依著四季更迭及二十四節氣務農耕作，氣候變化融入了生活，除了工作，飲食也能秉持著「食在地，吃當季」的概念，這就是民眾的生活日常；素養導向的教學也是如此，目的在於指導學生在生活中學習，將課堂所學應用於生活之中。

　　因此，隨著春風吹拂，迎來了春天的氣息，校園裡群花綻放，宛如公園，每年此時總會有許多的民眾趁著美景當前，把握春光，來趟野餐之旅，找個擁有美景的地方，準備輕食，與家人賞花談天，度過假日。

融入生活來備課

　　我們的課堂教學當然也可以融入生活，配合著春天的氣息來備課，教學生四季變化與食的安全，就如同便利商店能夠看準美好春天，順勢推出草莓季，讓上門購

物的消費者也能感受春天的氣息。

教學的確可以更生活化，也可如法炮製，參考便利商店或是百貨公司隨著時令推出各種賞味活動，將課程融入生活，課程內容教到食安以及自身在生活中的安全維護，為了讓學生吃得更安全，且在學校裡求學生活得更安全，所以我思考了一個教學活動。

既然食安、食農與我們日常飲食息息相關，且學生在校園裡的安全相當重要，推廣營養衛生教育刻不容緩，那何不來辦個認識校園安全及欣賞校園之美的教學活動呢？對！就來備課發想美好春光校園野餐活動吧！

▍活動的構想

首先，當然就是活動的構想，在帶領學生進行校園實際的走查之後，發現我們學校好美，有內中庭花園，有櫻花盛開，也有茵茵綠草，若可以在三月春光下，在校園裡進行個教學活動該有多好啊！

於是帶著小朋友到了內中庭花園，進行想像力的活動，我試著把學生帶到校園的每一個角落，然後請學生

進行閉眼想像，想像著在這個地方老師跟小朋友可以做什麼活動，然後讓小朋友試著說說看！

結果小朋友給了我畫面，這麼畫面就是很多學生很開心的在花園裡賞著花，玩著遊戲，另外一頭還有一群學生坐在草皮上聊著天，彼此分享著食物。還有幾位學生在下棋，玩桌遊。

透過孩子們的想像，校園裡的空間頓時成為了畫布，而學生的天馬行空想像力就成為畫布上的作品。

▌校園野餐概念的活動

有了這樣的活動帶領，我跟學生彼此之間所想的情境有了共識，這不就是在校園裡野餐的概念嗎？

為了整理所有小朋友的想法，以及對於野餐的認識，我們進行了分組活動，試著讓小朋友想一想。

野餐時必須要準備哪些東西呢？
野餐時可以做什麼活動呢？
那如果我們要一起在校園裡野餐，那我們要如何分

工，每個人必須帶哪些東西呢？

還有野餐後，該如何整理環境呢？

我們進行了一系列問題與討論，在還沒有進行野餐時就進行虛擬的討論與思考。

然後進行小組的發表與互動問答。

在讓學生進行討論與分享之後，我們讓每組同學都輪流上臺報告自己組內的討論結果與全班同學進行交流，也聽聽別組不同的想法。

透過提問與表達，釐清校園野餐的想法

透過分組上臺報告，分享自己小組討論的內容，用以釐清學生對於野餐教學活動的想法，並確認學生所討論的內容及所準備的物品是否合適，然後透過提問來讓學生進行思考與回答，這時候各組的其他學生也在聽取分享，更可以從其他組的發表內容來修改自己這一組的分工細目。

每一次的發表後，就進行再一次的小組討論，我發

現學生會立即的從老師與上臺發表同學的內容中進行立即修正，比方說，有小組分享到應該要帶垃圾袋或是帶水壺，其他組的學生想到自己這一組竟然沒有想到要準備這麼重要的東西，因為環保，因為愛地球，所以自己製造的垃圾自己要收拾，喝飲料必須要準備水壺或自備器具。

各組發表後進行提問討論，幾個回合下來，學生對於參與一個活動所要準備的物品有了更充足的思考方式。

然後我請每一組將自己討論的內容寫在筆記本上，可以藉此評量學生的想法是否能落實於文字。

模擬野餐與虛擬演練

下一個教學步驟就是讓學生進行自己實際野餐的畫面想像。

為什麼要這樣做呢？因為，如果沒有透過這個教學步驟，直接讓學生去野餐時，很多讓你意想不到的學生表現就會在這時候出現，且學生馬上會跟你說，老師好無聊喔！

所以必須要讓學生正式進行活動前來個虛擬的演練，而透過繪畫就是最棒的演練了！

　　在進行了紙上繪畫校園野餐演練之後，我準備了野餐墊，也準備了一些野餐時會帶的水果餅乾飲料，就在教室裡進行了野餐物品展示，讓學生可以親眼看到網路上所看到的圖片，更可以喚醒自己曾經跟家人去野餐的舊經驗。

　　然後試著讓學生上來野餐墊上坐坐看，體驗一下，再問問學生的感受，每個孩子都好開心，只是較為真實的虛擬體驗就彷彿自己已經在草地上進行實際的野餐了。

　　有了這樣的教學活動規劃，我發現學生已經躍躍欲試，一直跑來問我，何時我們可以進行真正的校園野餐。

　　可見學生超期待在校園與老師同學一同野餐，這樣的教學活動有趣又有意義。

互動式創意母親節卡片製作教學活動設計

誰說母親節卡片不能有多樣化，如果可以透過卡片與媽媽互動，那一定是有趣且充滿創意的卡片！

運用刮刮卡來設計母親節賀卡

最近大樂透興起一陣 9.2 億的風潮，全民瘋樂透，那就運用刮刮卡來設計製作創意母親節賀卡吧！讓媽媽拿到卡片時，既有以往的文字感動之外，也可以有意想不到的驚喜收穫。

老師們每年一次的母親節教學活動是否想不到新的點子，母親節卡片製作是否想不到新的創意呢？現在就來分享互動式的創意母親節卡片製作。

幫媽媽製造驚喜，體驗刮刮樂的樂趣

透過運用刮刮樂來製作母親節賀卡，可以收與媽媽

互動之功效，讓學生更大方且更容易表達心中的愛意與感動之心。一來結合日常生活中的全民風潮，讓孩子也可以體驗刮刮樂的樂趣，並試著構想給媽媽的特別禮物，幫媽媽製造驚喜，二來可以設想自己可以為媽媽服務的項目的特別母親節禮物，既透過卡片來表達心意，更有卡片刮獎贈禮所延伸的親子互動，一舉兩得，與媽媽一起度過一個難忘的母親節，所製作的卡片更可以是永久收藏的珍貴回憶。

課堂上教學生製作的是有別於以往的創意母親節賀卡，我的教學發想是要讓媽媽們拿到孩子的賀卡時可以親子互動，讓孩子表達心中的感受，且能讓媽媽們可以獲得更多的驚喜。

雙向互動，表達感恩之心

當媽媽收到卡片時，除了閱讀卡片內容文字上孩子所訴說的心中情之外，更可以體驗動手刮出孩子給媽媽的驚喜，這些驚喜都是孩子們精心思考後寫下的創意發想，就是要讓媽媽在看完卡片之後進行刮刮卡遊戲，刮出孩子對媽媽的愛及實際行動的表現，這是雙向互動的親子關係交流，平常媽媽細心呵護與照顧孩子所付出的精神與心力，

就是要透過這樣的節慶活動學習，讓孩子有所感受，深刻的體認父母的用心，付諸行動來表達感恩之心。

▎學生的創意巧思

教學活動中，發現我的學生們超有創意，在設計發想思考給媽媽的驚喜獎項時有好多令人意想不到的巧思，到底有哪些創意的巧思呢？分享如下：

1. 幫媽媽按摩 30 分鐘
2. 大聲跟媽媽說我愛你
3. 給媽媽一個擁抱
4. 每週幫媽媽做家事一天
5. 唱一首歌給媽媽聽
6. 煮愛心早餐給媽媽吃
7. 精美禮物一份
8. 朗讀課文一次給媽媽聽

另外，當然還有許多學生用心發想的創意互動禮物，既讓媽媽有卡片可以看，又有刮刮樂可以玩，讓母親節的歡樂氣氛無限蔓延。

有的學生設計數學算數加減的題目讓媽媽刮出幸運數字，然後再依照幸運數字所對應的獎項來獲得創意禮物，結合孩子的課堂學習，親子一同體驗學習的樂趣，手腦並用，既動手又動腦，充滿挑戰性，也充滿著樂趣。

有的學生發揮巧思，在卡片中設計多重得獎刮刮區，讓媽媽可以從早刮到晚，隨時享受刮刮樂的樂趣，讓媽媽的歡樂無限，好心情一整天，真是著實佩服學生的設計力與想像力。

小小的卡片，大大的心意

最重要的是，要讓學生在製作卡片的過程中，能用心細想媽媽對自己付出的愛，打從心裡發想如何表達自己的心意，藉由小小的卡片，表達大大的感恩心意。

這樣的互動式創意刮刮樂母親卡教學活動小朋友玩得好開心，既有美勞課與語文課的跨領域學習，又有生活中的創意發想，新奇的元素帶來大大的效果，相信媽媽在拿到卡片時一定會玩得不亦樂乎，親子互動一起體驗，讓感情加分百分百！

這樣的教學活動也適用於其他的課堂，例如英語課，或是綜合課，當然也可以用在其他學科課堂上，老師只要稍微發揮巧思，一定可以設計出充滿創意的課堂教學活動，今年的母親節，進行賀卡製作教學時您不妨也來試試。

將刮刮樂應用來製作母親節創意互動賀卡的概念與教學活動效果很好，學生所完成的作品相當棒，學生們自己愛不釋手，也玩得相當開心喔！期待著媽媽們收到卡片時可以與自己多多互動，讓孩子親口說出對媽媽的愛，能夠更加體會媽媽對自己的付出與辛勞。

觀察孩子的作品，不難發現孩子製作卡片的用心，因為有趣，因為想要表達對媽媽的感謝，在學習的過程中就會仔細思考與表達內心的情感，體會老師教學的用心，也能細細體念母愛的偉大。

創意母親節互動創意賀卡製作獲得廣大迴響

在將應用刮刮樂來製作母親節創意互動賀卡的概念與教法分享在臉書粉絲專頁的同時，我也將這個教學活動分享到臉書溫老師備課 party，讓更多老師也可以一

起來試試不一樣的母親節教學活動，這個教學活動獲得很多老師的迴響，其中 Maggie Lin 老師發揮美勞專長，結合溫老師備課趴其他老師分享的教學方式，以我的教學活動為基底，指導學生製作母親節刮刮樂互動賀卡，獲得學生及家長滿滿的喝采，她的學生所完成的作品相當棒，學生們自己也愛不釋手，玩得相當開心！期待著媽媽們收到卡片時可以與自己多多互動，讓孩子親口說出對媽媽的愛，能夠更加體會媽媽對自己的付出與辛勞。

有趣的教學活動，讓學習充滿感動

觀察孩子的作品，不難發現孩子製作卡片的用心，因為有趣，因為想要表達對媽媽的感謝，在學習的過程中就會仔細思考與表達內心的情感，體會老師教學的用心，也能細細體念母愛的偉大。

創意刮刮樂母親節卡片

樂音傳唱，教學生在生活中學習好品德

素養教學的精神是要學生在生活中應用學校所學，除了認知、技能的學習之外，還要學習培養好習慣及擁有良好的態度。

品德教育融入各領域教學

雖然品德教育沒有像過去一樣設有「生活與倫理」、「公民與道德」這些科目來進行教學，但是老師可以將品德教育融入於各領域的教學及各科目的教學，當然也可以在日常生活中進行教學，培養學生好習慣、好品格。

記得先前擔任學務主任時，為了推動培養學生好品格，我們特別設計了品德核心價值集點卡以及好品德悠遊卡，就是要讓學生在生活中養成好習慣，培養好品格，點點滴滴的累積，將使自己的日常表現更好，滴滴

點點的匯集，將使自己擁有更多的優點，形塑自己的良好品格之外，也昇華為自己的氣質。

我們關心學生在學校生活中的每一件事，特別是學生經常會忽略的小事，舉凡上學到校看見師長、同學要問好，進行打掃工作要認真負責，共同維護校園環境，多運動讓自己更健康，另外，有些學生只想到玩樂，下課時在穿堂打球，或是在樓梯間嬉戲，為了避免危險，讓同學和自己受傷，我們鼓勵學生到運動場運動，在走廊上不奔跑，所有的活動規劃，都是為了讓學生可以變得更好。

培養好品格，從他律走向自律

自從推行了品德集點卡後，學生樂於收集自己的好品德，觀察自己的生活表現，每天的打招呼變成了常態，經常為之，未來一定會變成習慣，除了自己好之外，也會互相提醒走廊上不奔跑；此外，更愛運動讓自己更健康，端正品格，友愛同學，為自己負責，為他人服務，讓自己成為有品好兒童，也讓整體校園氛圍更好。正如同十二年國教的精神，自發、互動、共好，當學生心中常有他人時，可以考慮到他人的感受，從他律

走向自律，除了把自己做好，也會讓團隊更棒。

▌樂音傳唱學品德

　　為了讓品格集點卡的活動效果更好，讓每位學生都來參與，我創作了品德唸謠，也寫了好兒童之歌，透過樂音的傳唱，讓學生在生活中學品德。記得那時幾乎每節下課都有學生到學務處來進行挑戰，進行校園品德唸謠，這品德唸謠在校園裡成為流行，小朋友朗朗上口，一個教一個，若你不會唸就落伍了，就這樣，走廊不奔跑，上學要問好，成為小朋友們耳熟能詳的句子，並且能在校園生活中進行實踐，原本只是我教一位學生品德唸謠，到後來已經在全校學生間蔓延開來，那力道比在朝會升旗時大聲疾呼要學生遵守或是嚴格禁止來得更有效，歌曲傳唱的效果可見一斑。

　　原本只有四句的品德唸謠，學生很容易朗朗上口，為了讓學生在學校的好表現更全面，我特別將「愛清潔」及「會運動」這兩個學務處的業務推行重點加了進來，並且譜寫成一首立人好兒童之歌。

　　歌詞如下：

上學要問好，走廊不奔跑，我是好寶寶，學校我最好。

掃地要認真，運動更健康，有品好兒童，逐項哇攏鰲。

透過樂音教唱，讓學生自然而然的潛移默化，這是當時我所嘗試的教學方式，沒想到效果極佳、反應良好，學生都很喜歡這樣的學習方式。主要的目的是要解決校園中學生常見的問題，並且積極的讓學生培養好品格，當學生能夠端正自己品格，就能在學習上更有效率，讓自己更有自信，也讓自己變得更好。

後來我們還舉辦了「好兒童歌唱大賽」，讓每一位學生都可以來參加，挑戰自己在全校大舞臺上唱歌，讓孩子樂在其中，這是校園品德教育潛在課程的一部分，家長也因為協助指導學生參加歌唱比賽，也能夠知道學校的用心，最令我印象深刻的是，有一位家長跟我分享，她也會唱這首好兒童之歌，且已經背起來了，可見效果卓著。

品格力是未來的競爭力

品德教育的教學重要且刻不容緩，除了老師的課堂融入教學之外，在生活中學品德，陶冶好的品格素養是很重要的，未來的關鍵競爭力之一就是品格力，當孩

子擁有好品格，能為自己負責，且能為他人服務，除了讓自己更有自信之外，在人際互動上一定也是受歡迎的人，未來的社會更講求人際互動，透過品德教育的落實推動，培養學生心中常有他人，且能多為他人設身處地的著想，那就是擁有好品格。

有好的班級經營，才會有順暢的課堂教學，所以當老師們在備課時，別忘了將品德教育融入課堂教學中，如此一來課堂秩序將會更好，學生也會為自己的學習負責，讓班級經營更好，也讓學生的學習更好。

素養導向教學備課的心法與技術：

從素養導向教學，有效學習，跨領域整合到班級經營，
培養學生擁有批判性思考能力，創意思考，閱讀寫作，
溝通表達能力的 **38 堂課**

作　者／王勝忠

美術編輯／了凡製書坊
責任編輯／twohorses
企畫選書人／賈俊國

總 編 輯／賈俊國
副總編輯／蘇士尹
編　　輯／高懿萩
行銷企畫／張莉滎　蕭羽猜　黃欣

發 行 人／何飛鵬
法律顧問／元禾法律事務所王子文律師
出　　版／布克文化出版事業部
　　　　　台北市中山區民生東路二段 141 號 8 樓
　　　　　電話：(02)2500-7008 傳真：(02)2502-7676
　　　　　Email：sbooker.service@cite.com.tw
發　　行／英屬蓋曼群島商家庭傳媒股份有限公司城邦分公司
　　　　　台北市中山區民生東路二段 141 號 2 樓
　　　　　書虫客服服務專線：(02)2500-7718；2500-7719
　　　　　24 小時傳真專線：(02)2500-1990；2500-1991
　　　　　劃撥帳號：19863813；戶名：書虫股份有限公司
　　　　　讀者服務信箱：service@readingclub.com.tw
香港發行所／城邦（香港）出版集團有限公司
　　　　　香港灣仔駱克道 193 號東超商業中心 1 樓
　　　　　電話：+852-2508-6231　　傳真：+852-2578-9337
　　　　　Email：hkcite@biznetvigator.com
馬新發行所／城邦（馬新）出版集團 Cité (M) Sdn. Bhd.
　　　　　41, Jalan Radin Anum, Bandar Baru Sri Petaling,
　　　　　57000 Kuala Lumpur, Malaysia
　　　　　電話：+603- 9057-8822　　傳真：+603- 9057-6622
　　　　　Email：cite@cite.com.my
印　　刷／韋懋實業有限公司
初　　版／2021 年 12 月
定　　價／350 元
ＩＳＢＮ／978-986-0796-65-0
ＥＩＳＢＮ／9789860796681(EPUB)

城邦讀書花園　布克文化
www.cite.com.tw　www.sbooker.com.tw